파리 최고의 협상가 켈리에

∴ 일러두기

___ 원문에는 '협상가'와 '외교관'을 함께 사용하고 있습니다. 지금도 그렇지만, 당시 외교관의 주된 임무 중 하나가 협상이었기 때문입니다. 하지만 이 책에서는 제목의 이해를 돕기 위해 본문의 내용을 해치지 않는 부분에 한해서 외교관을 '협상가'로 표기하였습니다. 단, 6장에서는 원문 그대로 외교관으로 표기하였습니다.

___ 외교 관련 용어와 직위는 현대어를 사용했습니다.

___ 본문의 모든 주는 옮긴 이의 주입니다.

파리 최고의 협상가 켈리에

언제, 어디에서나 통하는 협상의 정석

프랑수아 드 켈리에 지음, 현영환 옮김

루이앤휴잇

헌　　사

국왕 폐하의 섭정[1]이자, 오를레앙 공작(Louis d'Orleans)[2]이신 각하께 이 책을 바칩니다.

제가 이 책을 쓰게 된 것은 다음 세 가지 이유 때문입니다.

첫째, 나라를 대표해서 일하는 외교관들에게 뛰어난 협상가가 되는 데 필요한 능력과 자질, 지식을 알려주기 위해서입니다.

둘째, 협상가가 반드시 해야 할 일과 절대 해서는 안 되는 일에 관해서 알려주기 위해서입니다.

셋째, 협상가의 임무를 수행하는 데 도움이 되는 수많은 역사적 사례와 조언, 교훈을 알려주고, 거기서 깨달음을 얻게 하기 위해서입니다.

아시다시피, 선왕 폐하[3]는 외교와 협상에 관한 모든 권한을 제

---

[1] 군주국가에서 새로 즉위한 왕이 아직 어려서 정무를 수행할 능력이 없거나 병으로 정사를 돌보지 못할 때 국왕을 대신해서 통치권을 받아 국가를 다스리던 사람이나 그 일을 가리키던 말

[2] 프랑스 왕가, 특히 부르봉 왕가(중세부터 현대 이전까지 프랑스 및 유럽 일부 국가를 통치했던 왕조. 루이 9세의 막내아들 클레르몽 백작 로베르 드 프랑스가 그 시조다.)의 차남이 물려받던 작위로 여기서는 '필리프 2세'를 말함. 루이 14세의 증손자인 루이 15세가 다섯 살의 어린 나이에 왕위를 계승하자 루이 14세의 조카였던 그가 섭정을 맡았다.

[3] 루이 14세. '태양왕'으로 불리며, 프랑스 역사상 가장 유명한 전제군주로 꼽힌다. 중앙 집권을 완성하고, 침략 전쟁으로 영토를 확장하는 한편 베르사유 궁전을 세웠다.

게 위임한 바 있습니다. 그에 따라 저는 에스파냐, 잉글랜드와 함께 레이스베이크 조약(Treaty of Ryswick)[4]을 체결하였습니다.

사실 저는 오래전부터 외교와 협상에 관심이 매우 많았습니다. 그 때문에 젊은 시절부터 유럽 각국의 권력과 이해관계 및 정부 형태, 조약, 협상 등에 관해 꾸준히 연구하면서 나라를 위해 그것을 활용할 방법을 계속해서 생각해 왔습니다.

오늘의 영광스러운 프랑스를 만든 위대한 선왕 폐하가 돌아가신 지금, 우리는 큰 혼란에 빠져 있습니다. 특히 국왕 폐하께서 아직 어리시기에 신의 도움이 절실합니다.

부디, 전지전능한 신께서 폐하를 돌아가신 선왕 폐하처럼 용감하고 지혜로운 군주로 만들어서 우리 프랑스의 앞날을 밝게 해주기를 기원합니다.

─────────

4) 1697년 9월 20일에 네덜란드 레이스베이크에서 체결된 국제 협약. 이로 인해 1688년 발발한 9년 전쟁('아우크스부르크 동맹 전쟁' 또는 '팔츠 계승 전쟁'이라고도 함)이 비로소 종결되었다. 그 결과, 프랑스는 스트라스부르와 생도맹그(현재 아이티)를 획득하고, 남인도의 퐁디셰리와 캐나다의 노바스코샤를 회복했다.

섭정은 최고 지성과 능력, 역량을 지녀야 합니다. 불투명한 앞날을 내다보는 뛰어난 통찰력과 국익을 우선시하는 정책, 정의롭고 공정하며 청렴한 자세 및 국민을 사랑하는 마음 역시 필수입니다.

한 나라의 지도자라면 반드시 그것을 모두 갖춰야 합니다. 생각건대, 각하께서는 그런 자질을 충분히 갖추고 계십니다.

모든 국민이 각하께 충성을 이미 맹세한 바 있습니다. 부디, 그 믿음이 먼 후손들에게까지 생생하게 전해져서 각하가 훌륭한 지도자로 기억되었으면 합니다.

저는 온 힘을 다해 국왕 폐하와 각하께 충성할 것입니다.

_국왕 폐하의 가장 충직한 신하, 켈리에

CONTENTS

헌 사

3장 최고의 협상은 어떻게 만들어지는가

4장 어떻게 하면 최고 협상가가 될 수 있을까

5장 어떻게 하면 뛰어난 협상가를 가질 수 있을까

FRANCOIS DE CALLIERE

PARIS TOP NEGOTIATOR

THE BEST NEGOTIATION MANUAL

1장

누구를
협상가로 발탁할 것인가

PARIS TOP NEGOTIATOR

CALLIERE

파리 최고의 협상가 켈리에

협상의 시대,
협상의 중요성

협상의 중요성이 갈수록 커지고 있습니다. 협상을 통해 많은 이익을 얻는 것이 전쟁의 승리 못지않게 중요하기 때문입니다. 하지만 불행하게도 우리 프랑스 관료들은 아직도 그 사실을 제대로 깨닫지 못한 듯합니다.

그들은 여전히 전쟁에만 신경 쓰고 있습니다. 단언컨대, 그들은 변화의 흐름을 제대로 읽지 못하고 있습니다.

전쟁으로 큰 이익을 얻는 시대는 끝났습니다. 이제 어느 나라도 더는 홀로 존재할 수 없습니다. 만일 지금처럼 협상보다 전쟁에만 신경 쓴다면 우리 프랑스는 유럽의 외톨이로 전락할 것입니다.

독불장군에게 미래는 없습니다. 그 누구도 상대하지 않을뿐더러 인정하지 않기 때문입니다. 그만큼 협상은 중요합니다. 그리고 저의 그런 믿음은 앞으로 더욱더 강화될 것입니다.

바야흐로 협상의 시대입니다. 협상에 온 힘을 기울여야 합니다.

누가 협상가로 가장 적합한가

한 나라의 외교와 협상은 매우 중요합니다. 그 때문에 군주는 외국 정부에 파견하는 외교관, 특히 외국과 협상을 벌여야 할 협상가를 발탁할 때 그 능력과 자질을 꼼꼼하고 주의 깊게 살펴봐야 합니다. 누구를 협상가로 발탁하느냐에 따라 나라의 운명이 바뀔 수도 있기 때문입니다.

협상가는 급변하는 상황에 잘 적응할뿐더러 어떤 상황에서도 자국의 이익을 최우선시해야 합니다. 하지만 거기에는 선결 조건이 있습니다. 무력과 강제가 아닌 이성과 논리를 기초로 상대를 배려하고 설득해야 한다는 것입니다.

군주 역시 마찬가지입니다. 무력에 의지해서 상대를 굴복시키거나 힘없는 나라라고 해서 함부로 대해서는 절대 안 됩니다. 힘에는 힘으로 맞서는 것이 인지상정이기 때문입니다. 자신의 명예와 권위, 자국의 이익을 최우선으로 하되, 이성과 논리를 기초로 상대국과 마주해야 합니다.

다른 나라와 협상을 벌여야 할 협상가를 발탁할 때는 그런 능력과 자질을 갖춘 사람을 최우선으로 선발하되, 군주의 마음을 읽는 능력이 뛰어나고 그것을 흔들림 없이 실행하는 사람을 발탁해야 합니다.

사람의 직업은 크게 세 가지로 나눌 수 있습니다.

- 첫째, 성직자
- 둘째, 국왕 폐하를 위해 일하는 '검(劍)의 신사'
- 셋째, '옷의 신사'라고 불리는 법률가

만일 이 중에서 협상가를 발탁해야 한다면 누가 가장 적합할까요?

성직자와 협상가

성직자는 이단이나 이교도의 나라에는 파견할 수 없다는 단점이 있습니다. 그 때문에 성직자를 협상가로 임명하는 나라는 거의 없습니다. 그렇다면 성직자의 고향이라고 불리는 로마는 어떨까요?

로마의 성직자는 대부분 교황청에서 일하며 교황으로부터 수많은 혜택을 받습니다. 그로 미뤄 보아 교황의 정책을 좌우하는 예수회(Society of Jesus)[1]의 기준을 지나치게 추종하는 것이 아닌가 하는 의구심을 떨칠 수 없습니다. 예수회는 국왕의 권력을 침해하는 경우가 매우 많기 때문입니다. 그런 점에서 베네치아 공화국은 매우 지혜롭게 대처하고 있다고 할 수 있습니다.

베네치아 공화국 성직자들이 로마 교황청을 바라보는 시선은 매우 부정적입니다. 그 때문에 성직자를 로마 궁정과 관련된 외교 부서에 배치하지 않을 뿐만 아니라 두 나라의 정치 및 협상을 논하는 자리에도 절대 참여시키지 않습니다.

교회 고위 성직자는 이중 충성 의무를 갖습니다. 교회에 대한 충성 의무와 군주에 대한 충성 의무가 바로 그것입니다. 만일 두 의무가 충돌하면 그들은 과연 어느 쪽을 택할까요?

---

[1] 로마 가톨릭교회 소속 수도회. 1534년 8월 15일 군인 출신 수사였던 이그나시오 데 로욜라(Ignacio de Loyola)에 의해 설립되었다. 전통으로부터 과감히 탈피하는 개혁적인 면모로 유명하며, 해외 선교에 주력하고, 특히 교육에 힘쓰는 것으로 유명하다.

일반인들의 관점에서는 매우 심각한 고민이지만, 그들은 전혀 고민하지 않습니다. 주저하지 않고 교회를 택하기 때문입니다. 실제로 주교의 의무를 자세히 살펴보면 협상가의 의무와 도저히 함께할 수 없음을 알 수 있습니다. 따라서 성직자가 나랏일을 하기 위해 가장 주된 임무인 성직의 의무를 소홀히 한다는 것은 말이 되지 않습니다.

문제는 능력과 자질 있는 사람이 매우 부족하다는 것입니다. 그 결과, 성직자를 제외하면 능력 있는 협상가로 적합한 사람을 거의 찾아볼 수 없습니다.

저는 과거 우리 프랑스에서도 일부 성직자가 역사에 남을 만큼 위대한 일을 했다는 사실을 절대 무시하고 싶지는 않습니다. 하지만 종교와 정치는 구분해야 옳다고 생각합니다.

협상가는 평화주의자여야 한다

뛰어난 협상가 중에는 좋은 가문 출신이 많습니다. 고급 군사 훈련을 받은 고위 군관 중에서 뛰어난 협상가가 간혹 나오기도 합니다. 또한, 아주 가끔은 능력이 출중한 일반 장교가 협상에서 크게 성공하기도 합니다. 군사 문제가 협상의 주요 쟁점일 때 그런 경우가 많습니다. 그러나 협상을 전쟁과 연관 지어서는 절대 안 됩니다. 전쟁 역시 정책 충돌에서 비롯되기는 하지만, 그것은 목적을 이루기 위한 수단에 불과하기 때문입니다.

협상가는 평화주의자여야 합니다. 그 때문에 논쟁을 좋아하고 호전적인 사람보다는 설득 능력이 뛰어나고 누구와도 쉽게 사귀는 친화력이 뛰어난 사람을 협상가로 파견하는 것이 좋습니다. 특히 중요한 협상일수록 협상에 능수능란한 직업 외교관을 발탁해야만 합니다. 성직자나 군인, 일반 관료의 경우 협상에 필요한 전문지식을 특별히 배우지 않는 한 그 업무를 성공적으로 수행하기가 매우 어렵기 때문입니다.

법률가 출신 협상가가 적은 이유

법률가 출신 외교관이 협상에서 크게 성공하는 때도 있습니다. 의회가 공공 정책의 최종 결정권을 가진 나라에서 그런 경우가 많습니다. 그 이유는 과연 무엇일까요?

노련한 법률가의 말 한마디에 의해 의회가 움직이기도 하기 때문입니다. 하지만 법률가 출신은 협상에 어울리지 않는다는 것이 협상가들 사이의 정설입니다. 상대의 실수나 잘잘못을 끝까지 파고드는 그들의 날카로운 성향이 협상에 적합하지 않기 때문입니다. 물론 법정에서도 인간 본성과 그것을 활용하는 능력 — 두 가지 모두 협상에서 중요한 요소인 것만은 분명합니다 —이 필요한 것은 사실입니다. 하지만 법률가란 원래 인간사의 잘잘못을 따지는 직업이기에 협상 같은 진지한 공적 문제를 다루는 데는 적합하지 않습니다. 특히 변호사도 그렇지만, 검사나 판사는 더욱더 그렇습니다.

판사가 협상 책임자로 발탁되었다고 생각해보십시오. 틀림없이 재판 진행하듯 원리원칙대로 협상에 임할 것이 틀림없습니다. 협상가가 반드시 갖춰야 할 유연성을 지닌 사람 역시 담당자에서 배제할 것입니다. 협상에서와는 달리, 재판에서는 그것이 방해되기 때문입니다. 그 순간, 판사가 지니는 위엄이란 오만함과 크게 다르지 않습니다. 그러니 어느 누가 그를 협상 상대로 인정할 수 있겠습니까? 협상 결과 역시 엉망이 될 것이 틀림없습니다.

그렇다고 해서 협상가로서 뛰어난 자질을 갖춘 법률가가 전혀 없는 것은 아닙니다. 법률가 중에도 협상가 못지않은 자질과 능력을 갖춘 사람이 분명 있습니다. 하지만 법률과 협상에 필요한 자질은 엄연히 다릅니다. 단언컨대, 서로 반대되는 그런 자질을 함께 지니기란 매우 어렵습니다.

협상은
협상 전문가에게

사람이 지닌 능력은 매우 다양합니다. 글을 잘 쓰는 사람이 있는가 하면, 운동 신경이 뛰어난 사람도 있으며, 공부에 남다른 재능을 발휘하는 사람도 있습니다. 물론 그와 반대되는 성향을 지닌 사람도 적지 않습니다. 중요한 것은 그것이 우리에게 주는 의미입니다.

아무리 능력이 뛰어난 사람도 혼자서 집을 지을 수는 없습니다. 다른 사람의 도움이 꼭 필요합니다. 간혹 혼자서 집을 짓는 사람이 있기는 하지만, 그들 역시 누군가가 만든 건축 재료나 도구를 이용해야만 합니다.

집을 가장 빠르고 안전하게 짓는 방법은 전문가의 도움을 받는 것입니다.

아시다시피, 집을 지으려면 여러 분야의 전문가가 필요합니다. 어떤 집을 지을 것인지 설계하는 설계전문가부터 집의 뼈대를 세우고 건축하는 건축전문가, 햇볕이 잘 들고나도록 창문을 만드는 창호 전문가, 실내를 편안하고 예쁘게 디자인하는 디자인전문가 등등.

협상 역시 마찬가지입니다. 협상 전문가의 도움을 받아야만 원하는 결과를 얻을 수 있습니다. 그런데 협상과 전혀 상관없는 사람에게 협상을 맡기는 경우가 적지 않습니다. 그 사람이 협상 능력이 출중한지, 협상 채널과 정보 확보에 뛰어난 재능이 있는지도 제대로 알아보지 않은 채 말입니다.

협상가만큼 높은 애국심과 투철한 사명감이 필요한 직업도 없습니다. 어떤 상황에서도 자국의 이익을 대변하고, 성과를 내야 하며, 그에 대한 책임 역시 져야 하기 때문입니다. 그만큼 협상가라는 직업은 힘들고 어렵습니다. 하지만 그래서 오히려 자신의 모든 것을 바쳐도 될 만큼 가치 있는 직업이기도 합니다. 그런 점에서 다른 직업을 가진 사람이 잠시 머리를 식힌다는 생각에서 재미로 협상을 시작해서는 안 됩니다. 무엇보다도 나라와 국민을 위해서라도 그런 일은 절대 있어서는 안 됩니다. 백 퍼센트 실패할 것은 물론 조직의 사기만 무너뜨리기에 십상이기 때문입니다.

바보가 아니고서야 법정에서 화려한 말솜씨로 이름을 크게 떨친 법률가나 일반 직장인에게 군대 사령관을 맡기지는 않을 것입니다. 그 자리는 군대에서 오랫동안 복무한 경험 많은 사람이 맡아야 옳기 때문입니다. 마찬가지로 협상에 관한 훈련을 전혀 받지 않은 비전문가에게 협상을 맡기는 것 역시 매우 어리석은 일입니다.

건축을 모르는 사람이 제대로 된 집을 지을 수 없듯 협상을 전혀 모르는 사람이 제대로 된 협상을 할 수는 없습니다. 제대로 된 협상을 하려면 협상 전문가에게 협상을 맡겨야 합니다. 협상가가 수많은 정보를 접하고도 상황을 파악하는 통찰력이 없다고 생각해보십시오. 치명적인 상황에 부딪혀 나라와 국민의 삶을 파국에 이르게 할 수도 있습니다.

잘못된
협상가 발탁의 위험성

명예와 돈 때문에 협상가가 되려는 사람이 간혹 있습니다. 협상가의 의무와 책임조차 제대로 알지 못하는 그들에게 과연 나라에 대한 충성심과 협상가의 자긍심, 책임감을 기대할 수 있을까요?

그것을 기대하는 것부터가 잘못된 일입니다. 그들에게 그런 것들이 절대 있을 리 없기 때문입니다. 그들의 주된 관심과 협상가의 의무는 지향하는 바가 전혀 다릅니다. 그렇다고 해서 그들의 능력과 자질이 매우 뛰어난 것도 아닙니다. 협상가라고 부르기에도 부끄러운 경우가 대부분입니다.

그들의 목적은 나라와 국민에 대한 봉사와 헌신이 아닌 자신의 명예를 높이고 더 많은 경제적인 이득을 얻는 데 있습니다. 그 모습은 마치 등에 진 여신의 조각상이 불타면서 발생하는 냄새를 독차지하려는 '우화 속 당나귀'와도 같습니다. 사리 분별조차 제대로 못 하는 그 어리석은 모습이 생각할수록 우스울 뿐입니다.

힘센 나라의 군주가 그 영향력 아래 있는 나라에 파견하는 협상가나 외교관으로부터 그런 모습을 자주 볼 수 있습니다. 그들은 말로써 상대를 은근히 위협하거나 매우 불손한 태도를 보이기 일쑤입니다. 상대가 자기보다 힘이 약하다고 생각하기 때문입니다.

주목할 점은 많은 사람이 그들의 그런 태도를 무서워하기보다는 비웃는다는 것입니다. 심지어 그를 협상가로 파견한 군주를 깔보기도 합니다. 왜냐하면, 그가 중요한 협상의 책임자라고 할 경우, 그 나라의 수준을 가늠할 수 있기 때문입니다.

협상가의 주된 임무는 자국과 자신이 부임한 나라의 우호 관계를 맺고 그것을 유지, 강화하는 것입니다. 그러자면 어떤 일이 있어도 그 나라와 국민을 모욕하거나 비하하는 불손한 태도를 보여서는 안 됩니다. 항상 겸손해야 하며, 다른 사람의 모범이 되어야 합니다.

현재 수많은 나라에 파견된 협상가 중에는 그 능력과 자질, 역량이 매우 부족한 사람이 적지 않습니다. 그러다 보니 외교에 적지 않은 문제가 생기는 것은 물론 군주의 명예와 위신, 국격을 크게 떨어뜨리는 일이 자주 일어나곤 합니다.

그 책임은 과연 누가 져야 할까요? 당연히 그를 발탁한 인사 권자가 책임져야 합니다. 그런 점에서는 협상가를 발탁할 때는 과연 적합한 능력과 자질을 갖추고 있는지, 그를 파견하는 것이 국익에 도움이 되는지 등을 엄밀히 따져야 합니다.

협상가로
가장 적합한 사람

협상가는 상대의 작은 표정 변화만으로도 그가 무슨 생각을 하는지 숨겨진 마음을 읽을 줄 알아야 합니다. 뛰어난 협상가일수록 그 능력이 매우 뛰어납니다. 또한, 협상가는 임무 수행 과정에서 수시로 부딪히는 어려움을 극복하기 위해 임기응변에도 능해야 합니다. 돌발변수가 생기거나, 예기치 않은 일이 일어나더라도 당황하지 않고 지혜롭게 상황을 돌파하고, 실수나 잘못을 바로잡을 줄 알아야 하기 때문입니다.

상대가 누구건 간에 항상 예의 바르고, 겸손해야 하며, 편안하고 부드럽게 대하는 것 역시 필수입니다. 상대의 이야기를 끝까지 집중해서 경청하는 태도와 충분히 생각하기 전에 섣불리 결과를 예단하지 않는 분별력 역시 반드시 갖춰야 합니다. 하지만 협상가 중에는 불필요한 말을 함부로 하는 이들이 간혹 있습니다. 자기 능력을 과시하기 위해서입니다. 문제는 그러다 보면 절대 해서는 안 되는 말 역시 하기에 십상이라는 것입니다. 실례로, 제가 아는 외국 협상가 중 논쟁을 매우 즐기는 사람이 있습니다. 그는 논쟁의 열기가 높아질 때마다 자기 능력을 과시하기 위해 무던히도 애쓰곤 합니다. 그러다 보니 절대 말해서는 안 되는 국가 기밀을 누설하는 실수를 여러 차례 저질렀습니다. 비록 뒤늦게 후회하기는 했지만, 그로 인한 피해는 매우 컸습니다. 자신의 위엄과 신뢰는 물론 자국의 위상 역시 크게 떨어뜨렸기 때문입니다.

협상가는 뭔가를 감추는 듯한 태도 역시 경계해야 합니다. 특히 별것 아닌 것을 대단한 것처럼 부풀리는 일은 절대 해서는 안 됩니다. 그것은 자신의 무능력함을 입증하는 것에 지나지 않기 때문입니다.

협상가가 뭔가를 감추고, 비밀스러운 태도를 보일수록 상황 파악이 어려워집니다. 문제는 그렇게 되면 신뢰 역시 얻을 수 없다는 것입니다. 그런 사람을 신뢰하기란 매우 힘들기 때문입니다. 물론 협상 전략을 함부로 밝혀서는 안 됩니다. 그런 전략을 갖고 있다는 사실조차 상대가 눈치채지 못하게 해야 합니다. 하지만 그런 자세는 협상에서만 보여야 할 뿐 협상과 관련 없는 일에서까지 그런 행동을 취해서는 안 됩니다. 협상을 위해 당연히 숨겨야 하는 내용을 제외하고는 상대에게 모든 것을 스스럼없이 공개해야 합니다. 그래야만 서로 간의 신뢰가 쌓이고, 상대 역시 마음의 문을 열어 협상을 원만하게 진행할 수 있습니다.

뛰어난 협상가일수록 지식수준이 매우 높고, 다양한 분야에 정통해서 상대가 누구건 간에 편안하게 대화할 수 있습니다. 그들은 노련하고 뛰어난 대화 능력을 통해 편안한 분위기를 만든 후 상대가 거리낌 없이 이야기하도록 해서 핵심 정보를 얻어냅니다. 그 때문에 협상가가 되려면 다양한 분야에 관심을 두고 지식을 쌓아야 합니다. 특히 협상 상대가 관심이 많은 분야라면 더욱더 그와 관련된 지식과 정보에 민감해야 합니다.

그래야만 더 가까워질 수 있고, 원활하게 협상할 수 있기 때문입니다.

협상가는 다른 사람, 특히 자기와 다른 생각을 지닌 상대를 포용할 줄도 알아야 합니다. 자기 생각만 옳을 수는 없기 때문입니다. 물론 때에 따라서는 자기가 가진 힘과 능력을 과시할 필요도 있습니다. 다만, 그때도 최대한 신중해야 합니다.

협상가는 직책을 수행하는 데 필요한 비용을 스스로 부담해야 합니다. 그만큼 경제적 여유를 갖고 있어야 합니다. 그것을 협상가의 가장 중요한 자질로 생각하는 군주도 생각보다 많습니다. 하지만 현명한 군주일수록 그 생각에 절대 동의하지 않습니다. 유능하고 뛰어난 능력을 지닌 사람을 발탁하는 것이 국익에 훨씬 도움이 되기 때문입니다. 유능한 사람은 자기 능력을 사용하는 법을 잘 알기에 필요한 수단을 갖춰주는 것이 도움이 되지만, 무능한 사람에게는 그것을 준들 아무런 소용이 없습니다. 즉, 무용지물입니다.

협상가, 특히 외교 문제를 다루는 협상가는 가문과 혈통 역시 좋아야 합니다. 유럽 어느 나라에서나 그것을 매우 중요하게 생각합니다. 또한, 교양 있고 품위가 느껴지는 외모 역시 필요합니다. 그것이야말로 사람들에게 호감을 얻는 가장 빠른 수단이기 때문입니다.

외국 군주의 즉위식이나 결혼식, 세례식에 초대받았을 때처럼 가문의 명성이 필요한 특수한 경우가 간혹 있습니다. 그럴 때는 그런 조건을 갖춘 사람들 가운데서 협상가를 발탁해야 합니다. 하지만 그 외에는 능력과 자질을 중심으로 협상가를 선발해야 합니다. 겉으로 드러나는 조건만 그럴듯한 사람에게 국가의 중대사를 맡기면 타국의 유능한 협상가들에 의해 놀아날 수도 있기 때문입니다.

뛰어난 협상가일수록 협상 전략 및 협상과 관련된 비밀을 함부로 말하지 않습니다. 또한, 대중 앞에 자신을 드러내는 일 역시 거의 없습니다. 그런 일은 그것을 즐기는 사람에게 맡길 뿐입니다.

협상을
절대 맡겨서는 안 되는 사람

사람은 단체생활보다는 사생활에서 본 모습이 제대로 드러나기 마련입니다. 단체생활에서는 실제 모습이 아닌 꾸며진 모습을 보이기에 십상입니다. 이왕이면 능력 있고 멋진 사람으로 인정받고 싶은 것이 인지상정이기 때문입니다. 그런 점에서 사생활이 복잡하고 문란한 사람에게 외교와 협상 같은 국가의 중요한 공적 업무를 맡기는 것은 매우 위험하고 부적절한 일입니다. 생각해보십시오. 상습적으로 도박을 일삼고, 음주와 유흥에 빠져 사는 사람에게 어떻게 국가의 중대사를 맡길 수 있겠습니까?

무엇보다도 그들은 전혀 믿을 수 없습니다. 자신의 이익과 즐거움을 위해서라면 국가의 핵심 비밀마저 언제든지 상대에게 팔아넘길 수 있기 때문입니다.

폭력을 일삼거나 자신의 감정을 통제하지 못하는 사람 역시 협상가로 적합하지 않습니다. 예기치 못한 상황일수록 자신의 감정을 잘 다스리는 것이 중요한데, 그런 사람들은 자신을 통제하지 못해 언제든지 돌발상황이 일어날 수 있기 때문입니다. 실제로 국가 간의 협상에서는 외교적으로 매우 민감한 상황이 자주 일어납니다. 그런데 그 순간, 협상가가 감정을 통제하지 못해 흥분한다면 어떻게 될까요?

노련한 상대라면 그 점을 절대 놓치지 않고 협상을 자신에게 유리한 방향으로 끌어갈 것입니다. 그런 점에서 자신의 감정을 잘 통제하는 협상가는 그렇지 않은 사람보다 훨씬 좋은 무기를 갖고 싸우는 것과도 같습니다.

많은 사람이 존경하는 마자랭(Jules Raymond Mazarin)[2] 추기경의 일화가 그 사실을 증명하고 있습니다.

추기경이 되기 전, 마자랭 추기경은 밀라노 총독이었던 페리아 공작(Duke of Feria)[3]을 방문한 적이 있습니다. 당시 추기경은 어떤 문제에 관한 공작의 속마음을 알아내라는 임무를 받았고, 다행히 공작의 화를 돋우어 그것을 알아내는 데 성공했습니다. 만일 공작이 자신의 감정을 잘 다스리는 사람이었다면 절대 성공하지 못했을 것입니다.

당시 추기경은 사람의 마음을 읽는 능력이 매우 뛰어났습니다. 상대가 누구건 간에 그의 말이나 작은 표정 변화만으로도 속마음을 정확히 읽을 수 있을 정도였습니다. 나아가 그 능력은 추기경이 그 시대 가장 뛰어난 협상가로 발돋움하는 데 결정적인 역할을 했습니다.

---

[2] 이탈리아 출신의 추기경이자, 프랑스 최초의 수상. 루이 13세 사후 왕비인 안 도트리슈에게 섭정 직위를 이양받아 1661년 죽을 때까지 루이 14세의 섭정을 맡았다.

[3] 에스파냐의 귀족

감정을 잘 다스리지 못하는 사람은 외교나 협상보다는 전쟁터에 나가서 싸우는 게 좋습니다. 전쟁은 가능한 한 많은 적을 죽이는 것이 중요한 목표이기에 사람을 발탁할 때도 세심한 조건을 따질 필요가 없기 때문입니다. 따라서 지식이 좀 부족한 사람도 뛰어난 부관이나 장교가 되어 자기 영역에서 얼마든지 두각을 나타낼 수 있습니다. 물론 군대 역시 필요한 능력이 여러 가지 있기는 하지만, 협상가의 능력에 비교할 바는 아닙니다.

뛰어난 협상가의 모범, 리슐리외 추기경

뛰어난 협상가는 어떤 상황에서도 자신에게 우호적인 환경을 만듭니다. 그렇게 함으로써 그때까지 들인 노력보다 훨씬 많은 이익을 얻습니다. 만일 군주가 중요한 사건 ― 예컨대, 상대국에 이익이 되는 조약 체결을 방해하거나, 동맹국에 선전포고함으로써 우호 관계를 해치는 일 ―이 일어난 뒤에야 협상가를 파견한다면 어떻게 될까요?

갑작스럽게 파견된 협상가는 그 나라의 법과 관습, 제도를 제대로 공부할 수도, 자신에게 도움이 되는 인맥을 만들 수도 없을 것입니다. 그러니 이미 일어난 사건의 방향 역시 바꿀 수 없습니다.

그런 경우에는 적지 않은 대가를 지급해야 합니다. 문제는 그것이 자국에 큰 부담이 될 수도 있을 뿐만 아니라 잘못해서 대가 지급이 늦어지면 그 나라와의 관계가 더욱더 악화할 수도 있다는 것입니다.

제가 존경하는 정치인의 모범으로 삼는 리슐리외 추기경(Le cardinal de Richelieu)[4]은 일찍부터 많은 나라와 외교 관계를 맺는 등 우리 프랑스와 루이 13세를 위해 충성을 다했습니다.

추기경은 협상과 관련해서 다음과 같이 말한 바 있습니다.

"유럽 모든 나라는 꾸준한 외교 관계를 맺음으로써 많은 이익을 누리고 있다. 그 이익이 얼마나 큰지는 직접 경험하지 않으면 절대 알 수 없다. 나 역시 5~6년 동안 그것을 경험하기 전까지는 그 사실을 전혀 알지 못했다. 하지만 지금은 그것에 관해서

---

[4] 루이 13세 시대의 재상. 프랑스 절대왕정 확립에 크게 이바지했고, 30년 전쟁을 배후에서 조종하여 프랑스에 유리하도록 이끌었다.

누구보다도 잘 알뿐더러 외교와 협상의 중요성을 확신한다. 따라서 당장은 이익을 얻지 못하더라도 많은 나라와 외교 관계를 지속해서 추진하는 일은 국가의 평화와 이익을 위해서라도 꼭 필요하다. 실제로 나는 외교적 협상을 통해 프랑스와 기독교권에서 일어난 여러 사건의 본질이 완전히 달라진 것을 여러 차례 보았다. 그것은 그 이전까지는 관료들이 전혀 관심조차 없었던 것으로 국왕 폐하의 권위로써 실행할 수 있었기에 가능한 것이었다."

또한, 추기경은 이렇게 말했습니다.

"편협한 생각을 지닌 사람들은 자신의 시야를 자신에게 유리한 곳으로만 제한한다. 하지만 지혜로운 사람들은 어떤 곳에서도 자신을 더 발전시키는 방법을 찾는다."

추기경의 말은 충분히 귀담아들을 만한 가치가 있습니다. 선왕 폐하를 위해 그가 수행한 중요한 임무와 그 결과가 그 가치를 입증하기 때문입니다.

추기경은 언제나 변화의 중심에 서 있었습니다. 1640년 포르투갈 혁명을 뒤에서 조종하여 적법한 계승자에게 왕위를 되찾아준 것도 추기경이었으며, 같은 해 카탈루냐 사람들이 일으킨 반란을 이용해서 큰 이익을 취한 것도 추기경이었습니다. 또한,

추기경은 아프리카 무어인(Moors)[5]과도 주저하지 않고 협상했으며, 북방 정책에서도 눈에 띄는 성과를 냈습니다. 1617년 보헤미아 귀족들이 일으킨 반란 역시 추기경의 공작에 의한 것이라는 소문이 있습니다.

이렇듯 추기경은 주변 나라와 외교를 맺기 위해 끊임없이 협상했으며, 그를 통해 그가 보여준 뛰어난 능력은 우리 프랑스의 자랑이라고 해도 과언이 아닙니다.

---

[5] 8세기경 이베리아반도를 정복한 아랍계 이슬람교도

PARIS TOP NEGOTIATOR

FRANCOIS

DE

CALLIERE

THE BEST NEGOTIATION MANUAL

2장

협상가는
어떤 능력과 자질을 지녀야 하는가

PARIS TOP NEGOTIATOR

CALLIERE

파리 최고의 협상가 켈리에

협상가는
공익이라는 무대에서 활동하는 배우

협상만큼 고상하고 품위 있으며, 예의가 필요한 일도 없습니다. 아닌 게 아니라 한 나라를 대표하는 협상가의 말과 행동은 그 나라를 평가하는 중요한 기준이 됩니다. 협상가의 세련되고 품위 있는 말과 행동은 그 나라와 국민 역시 같은 수준에 올려놓습니다. 그런 점에서 한 나라를 대표하는 협상가는 공익이라는 무대에서 활동하는 배우와도 같습니다.

협상가는 한 나라를 대표하며, 다른 나라 사람들과 특수한 관계를 맺습니다. 따라서 함부로 말하고 행동하는 사람을 협상가로 파견해서는 절대 안 됩니다. 허세를 부리거나 과도한 특권 등을 요구해서 문제를 일으킬 수도 있기 때문입니다. 욕심 많고, 허세 많은 협상가 중에는 그렇게 해서 자국과 자신을 발탁한 군주의 명예와 권위를 크게 떨어뜨리는 이가 적지 않습니다.

중요한 것은 그런 사람은 협상에서도 절대 성공할 수 없다는 것입니다. 공적 임무 수행이 아닌 개인적인 이익을 얻는 데만 신경 쓰기 때문입니다. 설령, 그럭저럭 임무를 수행한다고 해도 그것은 그의 진정한 능력이라고 할 수 없습니다. 단지 운이 좋았을 뿐, 언젠가는 그 능력과 실력이 반드시 드러나기 때문입니다.

협상가의
말과 행동의 중요성

뛰어난 협상가일수록 협상 안건을 잘 조율해서 상대와 이익을 공평하게 나눕니다. 문제는 그것이 생각만큼 쉽지 않다는 것입니다. 다양한 이해관계가 얽혀 있기 때문입니다. 그 결과, 협상 후 '나만 손해 본 것 같다.'라고 생각하는 협상가가 간혹 있습니다.

협상은 우리 삶에 큰 영향을 미칩니다. 나라의 정책은 물론 개인의 이해관계를 좌우하기 때문입니다. 우리 주변에서도 얼마든지 그 사실을 쉽게 찾아볼 수 있습니다. 그 전모를 전혀 알 수 없었던 돌발적인 상황이나, 나라와 나라 사이의 증오심을 조장

하는 행위, 서로를 미워하는 사람들을 싸우도록 부추겨서 제삼자가 어부지리를 얻는 행위, 이해관계가 상충하는 군주들 간에 다수의 조약과 동맹을 맺는 행위, 국가 간의 통합을 통해 갈등을 해소하는 행위 등이 바로 그것입니다.

법 역시 그런 속성이 있습니다. 개개인이 아무리 법에 절대적으로 복종한다고 해도 나라마다 법과 제도, 관습이 다르기 때문입니다. 그로 인해 오해와 갈등이 일어나기도 합니다. 그때는 과연 어떻게 해야 할까요?

법이 아닌 나라 간에 맺은 협약에 따라 상황을 바로잡아야 합니다. 협상의 진정한 역할은 바로 그런 협약을 맺는 것입니다. 그런 점에서 협상가의 말과 행동은 매우 중요합니다.

뛰어난 협상가일수록 말 한마디, 행동 하나에도 적지 않은 뜻을 담고 있습니다. 무엇보다도 그들은 어떻게 하면 사람들을 움직일 수 있는지 알고 있습니다. 그 결과, 뛰어난 협상가가 있는 나라는 싸우지 않고도 큰 이익을 얻을 수 있습니다. 생각건대, 그보다 더 좋은 방법은 없을 것입니다.

대부분 군주의 관심은 그런 능력과 자질을 지닌 협상가가 분쟁의 조정자가 되어 세상을 평화롭게 만드는 데 있습니다. 또한, 그런 협상가를 자기 사람으로 만들기를 원합니다. 그것만으로도 자신의 평판과 위신이 저절로 높아지기 때문입니다.

유럽 각 나라에 노련하고 뛰어난 협상가를 많이 파견해야 합니다. 그렇게 해서 우호 관계를 유지함과 동시에 적절한 영향력을 행사하면 어느 나라보다도 강한 힘을 가질 수 있습니다. 그런 점에서 군주가 성공할 것인지 실패할 것인지, 나아가 군주의 이름이 위대해질 것인지 아닌지는 군주가 그 능력을 믿고 권한을 위임한 협상가의 말과 행동에 달려 있다고 할 수 있습니다.

뛰어난 협상가는 저절로 만들어지지 않습니다. 협상가로서의 능력과 자질이 있는 이들을 눈여겨본 후 그들을 열심히 교육하고 훈련 시켜야만 합니다. 그것이 어떤 나라와의 협상에서도 이기는 최고의 협상가를 갖는 지름길입니다.

협상가가 지녀야 할
능력과 자질

사람은 누구나 재능을 갖고 있습니다. 중요한 것은 사람마다 가지고 있는 재능이 다르다는 것입니다. 대부분 사람은 그것을 기초로 자기에게 맞는 직업을 선택합니다. 물론 모든 사람이 다

그러는 것은 아닙니다. 아무 생각 없이 직업을 선택하는 사람도 적지 않습니다. 그들은 자신이 그 일에 필요한 능력과 자질을 충분히 갖추고 있는지, 그 일이 정말 하고 싶은 일인지 등에 관해서 단 한 번도 깊이 고민하지 않습니다.

직업을 선택하기 전에는 자신의 능력과 자질이 그 일을 하기에 적합한지 반드시 생각해봐야 합니다. 또한, 가까운 사람들에게 조언을 구하는 것이 좋습니다.

협상가가 되려는 사람들 역시 마찬가지입니다. 협상가가 되려면 자신이 거기에 맞는 능력과 자질을 충분히 갖추고 있는지 철저히 살펴봐야 합니다. 윗사람에게 복종하는 자세, 어떤 유혹에도 흔들리지 않는 올곧은 마음, 다양한 상황 변화에 올바로 대처하는 정확한 판단력과 유연함, 어떤 고난에도 포기하지 않고 목표를 향해 나아가는 끈기와 집중력, 자기 생각과 맞지 않는 상대를 끝까지 설득하는 열정 등이 바로 그것입니다. 하지만 그것이 전부가 아닙니다. 협상가가 되려면 그 외에도 수많은 자질을 지녀야 합니다.

위기와 돌발변수에도 당황하지 않는 '용기'

협상가는 수시로 위험한 순간에 부딪힙니다. 그때마다 자신의 용기와 지혜에 의지해서 거기서 벗어나야 합니다. 그러면서도 진행 중인 협상에 절대 피해를 줘서는 안 됩니다. 그런 점에서 소심한 사람은 비밀 협상의 담당자로 적합하지 않습니다. 예기치 못한 상황이 일어났을 때 두려움에 떨 것이 당연할뿐더러 얼굴색이 변하거나, 태도가 달라짐으로써 협상 전략을 노출할 수도 있기 때문입니다. 또한, 자신의 안전에만 지나치게 신경 쓴 나머지 해야 할 일을 잊거나 그것을 손상하는 행동을 취할 수도 있습니다. 그렇게 되면 나라와 군주의 명예와 위신이 침해당할 위기에 처했을 때도 적극적으로 보호하지 못할 가능성이 큽니다. 실례로, 과거 프랑수아 1세(Francois I)[1]가 로마에 협상가로 파견했던 어느 수도원 원장은 추기경 회의에서 국왕을 적극적으로 옹호하지 못해 국왕의 명예를 크게 실추시킨 바 있습니다. 그결과, 당시 로마 황제 카를 5세(Karl V)[2]는 프랑수아

---

[1] 발루아 왕가 출신의 아홉 번째 군주. 프랑스의 첫 번째 르네상스를 이끈 군주로 평가받고 있다. 오를레앙 공작 루이 1세의 차남인 앙굴렘 백작 가문 출신으로, 루이 12세가 아들을 두지 못하고 1515년에 사망하자 남성남계 원칙에 따라 왕위에 올랐다.

[2] 신성로마제국 황제. 유럽을 넘어 아메리카 대륙과 필리핀 제도의 카스티야 식민지까지 포함한 광대한 영토를 다스려서, 그의 제국을 '태양이 지지 않는 나라'라고 불렀다.

1세에게 전쟁의 모든 책임을 돌렸습니다. 둘이 결투해서 전쟁을 끝내자고 했지만, 프랑수아 1세가 거절했다며 거짓말한 것입니다. 그러자 프랑수아 1세는 카를 5세를 거짓말쟁이라며 공개적으로 선언하는 한편, 자신이 파견한 협상가가 프랑스의 명예를 실추시킨 데 대한 책임을 철저히 물었습니다. 그리고 검술에 능하지 않으면 그 누구도 더는 협상가로 발탁하지 않았습니다.

자신을 낮출 줄 아는 '겸손함'

타고난 능력과 재능이 매우 뛰어나서 다른 사람들을 압도하는 이들이 간혹 있습니다. 그들은 그렇게 애쓰지 않고도 짧은 시간 안에 주어진 임무를 완수하곤 합니다. 더 놀라운 점은 그러면서도 항상 최고의 결과를 얻는다는 것입니다. 그러다 보니 많은 사람이 그들의 그런 능력을 부러워하고 배우기 위해 노력합니다.

협상가 중에도 그런 이들이 간혹 있습니다. 문제는 그런 협상가일수록 우월감에 빠져 상대를 무시하기 쉽다는 것입니다. 그들은 오직 자신만이 최고라는 자만과 교만에 빠져 다른 사람의 생각과 의견은 들으려고조차 하지 않습니다. 그러니 협상이 원만하게 진행될 리 없습니다.

그런 사람에게 국가의 중요한 공적 임무를 맡겨서는 절대 안 됩니다. 그들은 오만하고 건방지기만 할 뿐 예의라고는 전혀 없습니다. 그러다 보니 누구와도 쉽게 어울리지 못한 채 외톨이가 되기 일쑤입니다.

뛰어난 협상가일수록 절대 자만하거나 교만하지 않습니다. 무엇보다도 그들은 자신을 낮추는 법을 잘 알고 있을 뿐만 아니라 그것이 결국 더 큰 이익을 가져다준다는 사실을 잘 알고 있습니다. 또한, 다른 사람 말에 귀 기울여서 그들이 원하는 것이 무엇인지 정확히 알아냅니다. 그만큼 상대의 마음을 잘 읽습니다.

상대를 속이지 않는 '정직함'

지킬 수 없는 약속을 함부로 하는 협상가가 간혹 있습니다. 그것은 마치 정치인들이 실행 불가능한 공약을 남발하는 것과도 같습니다. 처음 한두 번은 실수라고 할 수도 있습니다. 하지만 그것이 반복되기에 문제입니다. 그렇게 되면 누구도 더는 그를 신뢰하지 않는 것은 물론 다시는 그와 협상하려고 하지 않을 것입니다.

문제는 그렇게 해서 적지 않은 이익을 얻었을 때입니다. 이를 두고 어떤 사람들은 뛰어난 협상가는 다른 사람을 속이는 데도 능해야 한다고 말하기도 합니다. 하지만 그것은 엄청난 착각에 지나지 않습니다. 협상에서 다른 사람을 속이는 일은 더 큰 손해를 낳는 지름길이기 때문입니다. 나아가 자신의 명예는 물론 자신을 발탁한 군주의 권위와 국격 역시 크게 떨어뜨립니다.

협상가는 어떤 일이 있어도 거짓말을 해서는 안 됩니다. 어느 분야건 마찬가지지만, 협상 역시 정직이 가장 중요합니다. 나라와 나라 사이에 이루어지는 일이기에 더욱더 그렇습니다. 생각해보십시오. 거짓말을 일삼는 협상가와 그 나라를 어느 누가 신뢰할 수 있겠습니까? 생각건대, 끝없는 증오심을 품을 것이 당연합니다. 나아가 그 소식은 금방 다른 나라들에도 전해질 것입니다.

부정하게 얻은 성공은 아무리 눈부신 것이라도 곧 빛을 잃기 마련입니다. 따라서 협상을 평생 업으로 삼아야 하는 사람이라면 올곧은 마음을 지니고, 항상 정직하고 공정하게 일을 처리해야 합니다. 그래야만 다른 사람들로부터 신뢰를 얻을 수 있을 뿐만 아니라 그것이 자신의 발전으로 이어져 어디를 가건 존경받을 수 있습니다.

못된 꾀로써 남을 속이는 일이 나쁘다는 건 누구나 다 아는 사실입니다. 그것은 동서고금의 진리이기도 합니다. 하지만 여전히 그런 그릇된 생각에서 빠져나오지 못하는 협상가가 적지 않습니다. 어떤 수단을 써서라도 목적만 달성하면 된다는 착각에 단단히 사로잡혀 있기 때문입니다.

국가의 중요한 공적 업무를 담당하는 사람을 발탁할 때는 단순히 머리 좋고, 집안 좋으며, 성실함만을 기준으로 삼아서는 안 됩니다. 아무리 다른 조건과 능력이 뛰어나도 신뢰할 수 없다면 공적 업무 담당자로 절대 적합하지 않기 때문입니다.

공적 업무를 담당하는 사람은 신뢰가 생명입니다. 아울러 품성과 인격, 몸가짐이 바르고, 사리사욕이 없어야 합니다. 문제는 그것이 협상가의 필수 자질 중 하나라고 할 수 있는 넓은 안목과 배치될 수도 있다는 점입니다. 그러다 보니 실제로 능력을 인정받은 협상가 중에는 그다지 도덕적이지 못한 사람도 적지 않습니다.

그런 사람일수록 양심의 제약을 받지 않기에 정직한 수단 외에는 별다른 장점이 없는 사람들보다 복잡하고 어려운 협상에서 성공할 가능성이 훨씬 큽니다. 그러다 보니 어떤 군주는 자신의 목적을 이루기 위해서 처음부터 그런 협상가를 발탁하기도 합니다. 하지만 거기에는 유념해야 할 점이 있습니다. 그런 사람일수록 항상 이익이 큰 쪽으로 움직인다는 것입니다. 따라서 그들이 자신을 발탁한 군주와 나라를 위해서 언제나 충성할 것이라고 기대해서는 안 됩니다. 협상이 그나마 순조롭게 진행되면 다행이지만, 그렇지 않으면 얼마든지 배신할 수도 있기 때문입니다.

루이 14세 때 프랑스군 사령관을 지낸 파브르 장군(Monsieur De Faber)의 이야기는 우리에게 많은 것을 시사합니다.

리슐리외 추기경의 정책을 계승하여 뛰어난 외교 수완을 발휘했던 마자랭 추기경은 어떤 사람을 자기 사람으로 몹시 만들고 싶어라 했습니다. 추기경은 그 임무를 파브르 장군에게 맡기면서 한 가지 약속을 강요했습니다. 하지만 그는 그 약속을 지킬수 없다면서 다음과 같이 말했습니다.

"각하께서는 거짓으로 약속한 사람을 얼마든지 찾으실 수 있을 것입니다. 하지만 각하에게는 언제나 진실을 말하는 신뢰할 만한 사람이 필요합니다. 부디, 저는 후자의 부류에 넣어주시기를 바랍니다."

세상에 용감한 사람은 매우 많습니다. 하지만 다른 사람과의 논쟁에서 자기 생각과 주장을 끝까지 지키는 사람은 생각보다 많지 않습니다.

협상가는 논쟁 시 단호해야 합니다. 특히 협상 안건이 중요할수록 더욱더 그래야만 합니다. 논쟁에서의 단호함이란 어떤 유혹에도 절대 굴하지 않고 처음 마음먹은 대로 끝까지 일관된 자세를 추구하는 자세를 말합니다. 타협은 우유부단한 사람들이 찾는 도피처일 뿐입니다.

문제는 '신중함'과 '우유부단함'을 구분하기란 매우 모호하다는 점입니다. 왜냐하면, 둘 다 한 개인의 내면에서 일어나는 갈등 상황으로, 그 양상이 매우 비슷하기 때문입니다. 하지만 그 차이는 실로 매우 큽니다. 신중함은 자신의 선택이 가져올 손해를 충분히 이해하고 수용하는 능력이며, 우유부단함은 선택이 가져올 결과가 두려워서 선택마저 포기하는 책임 회피라고 할 수 있기 때문입니다.

우유부단한 사람들은 언제, 어떤 상황이 일어날지 모른다는 터무니 없는 생각에 사로잡혀 긴박한 순간 어떤 행동을 취할지를 신속하게 결정하지 못합니다. 그 결과, 우왕좌왕하면서 시간만 보내기 일쑤입니다.

그런 태도는 협상에서도 그대로 드러납니다. 우유부단한 협상가는 너무 많은 것을 생각하고 따지느라 어떤 결정도 쉽게 내리지 못합니다. 그 결과, 생각지도 못한 결과를 낳을 수도 있습니다. 중요한 협상일수록 빠른 결단력이 필요합니다. 느긋하게 이해관계를 따지다가는 아무것도 얻을 수 없기 때문입니다.

리슐리외 추기경은 누구보다도 뛰어난 통찰력을 갖고 있었지만, 우유부단하다는 단점이 있었습니다. 반면, 추기경보다 교양과 지식이 크게 부족했던 카푸치노 수도회 조제프 신부(Francois Leclerc du Tremblay)[5]는 한번 결정한 일은 고집스럽게 끝까지 밀어붙인 것으로 유명합니다. 또한, 그는 추기경을 이용해서 개인적인 이익을 얻는 데만 혈안이었던 이들의 제안을 거절함으로써 추기경을 여러 차례 위기에서 구해내기도 했습니다.

원하는 것을 얻을 때까지 기다리는 '인내심'

말이 많은 사람 역시 협상가로 적합하지 않습니다. 국가의 핵

---

[5] 리슐리외 추기경의 비서를 지내면서 그를 적극적으로 도운 것으로 유명하다.

심 비밀을 제대로 지키지 못할 가능성이 크기 때문입니다. 생각건대, 그들은 상대의 노련한 전략에 휘말려서 아무 말이나 할 것이며, 노련한 상대는 그것을 추리해서 협상 전략과 비밀을 유추할 것이 틀림없습니다. 그 결과, 모든 계획이 어긋날 수도 있습니다.

우리가 하는 말과 행동은 수많은 의미를 지니고 있습니다. 따라서 말과 행동을 곧이곧대로 이해하고 해석해서는 절대 안 됩니다. 그것이 내포하는 진짜 의미를 아는 것이 훨씬 중요합니다.

협상 역시 마찬가지입니다. 협상에서 성공하려면 말을 하기보다는 잘 들어야 합니다. 즉, 상대의 말을 끝까지 잘 듣고 속마음을 읽을 줄 알아야 합니다. 그러자면 잘 참아야 합니다. 상대가 어떤 말을 하더라도 흥분하거나 화내서는 안 됩니다. 그것은 상대의 전략에 휘말리는 것에 지나지 않습니다.

에스파냐 사람들은 예부터 인내심이 매우 뛰어나기로 유명합니다. 반면, 우리 프랑스인들은 천성적으로 쉽게 흥분할 뿐만 아니라 매우 성급합니다. 그러다 보니 일을 채 끝내기도 전에 다른 일을 시작하는 경우가 많습니다.

그 점은 두 나라 협상가들 역시 마찬가지입니다. 에스파냐 외교관들은 협상할 때 절대 서두르지 않습니다. 그들은 협상이 쉽게 풀리지 않는다고 해서 적당히 끝내거나 타협하려고 하지 않습니다. 자국과 국민에게 이익이 되는 결론에 이르고 나서야 비로소 협상을 마무리합니다. 그러므로 우리와 에스파냐가 협상할 때 에스파냐가 더 많은 이익을 얻는 것은 어쩌면 당연한 일입니다.

이탈리아 역시 뛰어난 협상가를 많이 배출했습니다. 특히 그들은 로마 궁정(교황청)의 위엄과 권력을 강화하는 데 크게 이바지했습니다.

그렇다고 해서 우리의 협상 능력이 매우 떨어지는 것은 아닙니다. 우리 역시 북유럽 나라들과 비교하면 뛰어난 협상 능력을 지니고 있습니다. 다만, 에스파냐나 이탈리아와 비교하면 그 능력이 떨어지는 것만은 분명합니다.

다양한 상황에 유연하게 대처하는 '융통성'

협상가는 변덕스럽거나 헛된 욕심을 가져서는 절대 안 됩니다. 상대의 어리석음을 포용할 줄도 알아야 하며, 때로는 상대의 변덕에 적절히 장단 맞출 줄도 알아야 합니다. 마치 그리스 신화 속 프로테우스처럼 상황과 필요에 따라 자유자재로 자신을 바꿀 수 있어야만 하는 것입니다.

협상이 진행되는 동안 협상가의 모든 관심과 열정은 협상 성공에 초점이 맞춰져야만 합니다. 그런 점에서 협상가는 유연해야 합니다. 정해진 지침과 기준을 따르는 것도 좋지만, 상황 변화에 맞춰 융통성 있게 협상에 임해야만 훨씬 좋은 결과를 얻을 수 있기 때문입니다. 하지만 협상을 하다 보면 즉시 결정을 내려야 하는 긴급한 상황은 물론 본국의 명령을 기다릴 만한 여유가 없을 때도 간혹 있다는 것입니다.

그럴 때는 임기응변을 발휘해야만 합니다. 하지만 거기에는 한 가지 선결 조건이 있습니다. 협상가가 자국 군주에 관해서 잘 알고 있어야 한다는 것입니다. 군주의 성향과 취향, 위기 해결 방식 등을 잘 알고 있어야만 지혜롭게 문제를 해결할 수 있기 때문입니다. 그러자면 모든 것을 군주의 관점에서 생각할 필요가 있습니다. 그렇지 않으면 전혀 뜻밖의 협상 결과를 초래할 수도 있습니다.

문제는 그렇게 해서 일이 잘못되었을 경우입니다. 협상가 자신은 물론 군주와 자국의 위신과 명예가 크게 떨어질 것은 보지 않아도 뻔합니다. 그러므로 협상이 진행되는 동안에는 아무리 긴박한 상황이라도 자국의 명령이 있을 때까지 가능한 한 최종 결정을 미루는 것이 좋습니다. 그렇다고 해서 일부러 협상을 지연시켜서는 안 됩니다. 그것은 협상 원칙에도 어긋날뿐더러 상대국 협상가에 대한 예의가 아니기 때문입니다. 상대가 눈치채지 않도록 융통성을 발휘하되, 최대한 빨리 협상에 복귀해야만 합니다.

부족한 자질을 보충하려는 '열정'

지식수준이 떨어지는 사람은 자기 생각과 주장을 거친 형태로 제시할 수밖에 없습니다. 반면, 다양하고 수준 높은 지식을 보유한 사람은 대화 수준을 화려하게 할 뿐만 아니라 협상을 원활하게 합니다. 생각해보십시오. 협상 안건에 어울리는 역사적 예시와 적절한 유머, 시대 흐름에 부합하는 수준 높은 교양과 지식을 동원해서 얘기하는 상대와 매번 똑같은 주장만 반복하는 상대 중 누구와 더 협상하고 싶겠습니까?

누구나 당연히 전자를 택할 것입니다. 후자는 군주의 말을 똑같이 전하는 앵무새에 지나지 않습니다. 그런 점에서 다른 조건이 똑같다면 배움에 대한 욕심 있는 사람을 협상가로 발탁하는 것이 좋습니다. 그런 사람일수록 자신의 부족한 자질을 얼마든지 보충하려는 열정을 갖고 있기 때문입니다.

협상은 말과 글로써 이루어집니다. 말은 정부에서 일을 처리하는 수단이며, 문서는 스위스 제국 의회처럼 의회가 권력의 중심에 있는 공화국이나 자유국 같은 곳에서 협상을 진행하는 대표적인 수단입니다.

우리처럼 여러 공국(Principality)[4]과 백국(County)[5]이 연합해 있는 나라는 오래전부터 문서를 주로 이용해왔습니다. 그렇다면 말과 문서 중 무엇이 협상을 원활히 하는 데 유리할까요?

능력이 뛰어난 협상가일수록 직접 상대를 보고 협상하기를 선호합니다. 즉, 말로써 협상하기를 원합니다. 그래야만 상대의 숨은 의도를 파악하기가 훨씬 쉽기 때문입니다. 그 경우 시의적절한 말을 구사하는 말솜씨가 매우 중요합니다.

주목할 점은 많은 협상가가 말을 듣기보다 하는 것을 중요하게 생각한다는 것입니다. 그들은 '어떻게 하면 상대가 자기 말을 듣게 할 수 있을까'라는 데만 집착할 뿐 다른 사람의 말을 들으

---

[4] 중세 유럽에서 '공'이라는 호칭을 갖은 군주가 통치하는 작은 나라
[5] 백작이 사법권을 가지는 지도자로 있는 관할 구역

려고는 하지 않습니다. 그러다 보니 상대의 말을 잘 듣지 않고 끊기 일쑤입니다. 특히 우리처럼 성질이 매우 급한 사람들에게서 그런 모습을 자주 엿볼 수 있습니다.

경청은 상대에 대한 존중이자, 상대를 인정한다는 것으로 모든 협상의 기본이기도 합니다. 경청하지 않으면 진정한 의사소통을 할 수 없기 때문입니다.

최고 협상가일수록 말을 하기보다는 잘 듣습니다. 즉, 경청을 잘합니다. 경청해야만 상대를 둘러싼 이해관계를 잘 알 수 있고, 협상을 원활히 하는 힌트를 얻을 수 있기 때문입니다.

협상가는 상대의 말을 끝까지 경청한 후에야 자기 뜻을 정확히 전해야 합니다. 상대의 진심을 알기 전에는 자기 생각을 다 밝히지 않는 신중함 및 상대의 표정과 말에 따라 처신을 달리하는 노련함 역시 필요합니다.

수준 높고, 품위 있는 '칭찬 기술'

많은 사람이 옳은 소리를 하는 사람보다는 듣기 좋은 소리를 하는 사람을 더 좋아합니다. 특히 군주와 고위 관료일수록 더욱더 그런 성향이 있습니다. 옳은 소리는 쓰지만, 듣기 좋은 소리는 달콤하기 때문입니다. 그 때문에 군주와 고위 관료 주변에는 언제나 달콤한 말을 속삭이는 아첨꾼이 넘쳐납니다. 그들의 이름과 권력을 이용해서 개인적인 욕심을 채우기 위해서입니다. 그들은 군주와 관료들의 마음을 사로잡기 위해서 온갖 비위를 맞추고 알랑거리기 일쑤입니다. 얼핏 보면 그 방법은 매우 단순합니다. 철저히 복종하고, 존경하며, 끊임없이 비위를 맞추면 되기 때문입니다.

문제는 그러다 보니 많은 군주와 고위 관료가 자기 생각에 반대하는 사람들의 이야기는 잘 들으려고 하지 않는다는 것입니다.

협상가는 정직하고 솔직해야 합니다. 거짓말을 일삼거나 거짓 정보로 상대를 현혹해서는 절대 안 됩니다. 또한, 무슨 일이 있어도 상대의 자존심을 상하게 하는 말은 삼가야 합니다. 비난해야 마땅할 일을 칭찬하지 않는 것만으로도 충분합니다. 공연한 말로 칭찬을 늘어놓는 것은 아첨에 지나지 않습니다. 누구보다도 듣는 사람이 그것을 가장 잘 압니다. 단지, 속는 척할 뿐입니다.

경험 많은 협상가일수록 칭찬과 아부를 구별하는 능력이 매우 발달해 있을 뿐만 아니라 그것이 참말인지, 거짓말인지도 쉽게 구분합니다. 따라서 누군가를 칭찬할 때는 최대한 품위를 갖춘 후 구체적인 내용에 관해서 칭찬해야 합니다. 그래야만 상대가 진정성 있다고 생각하기 때문입니다.

뛰어난 협상가일수록 수준 높고, 품위 있는 칭찬 기술을 갖고 있습니다. 그들은 언제, 무엇을 칭찬해야 하며, 칭찬해서는 안 되는 것이 무엇인지 정확히 알고 있습니다. 서투르거나 어색한 데라고는 전혀 없습니다. 하지만 그들도 반드시 삼가는 칭찬이 있습니다. 그것은 바로 상대의 부족한 자질을 칭찬하는 것입니다. 상대가 이미 가진 것, 예컨대 많은 재산과 좋은 집, 좋은 옷 등을 칭찬하는 일 역시 마찬가지입니다. 그것은 자신의 어리석음을 드러내는 일일 뿐만 아니라 상대를 모독하는 일에 지나지 않기에 반드시 피해야 합니다.

협상 능력 못지않게 중요한 '관찰 능력'

협상가는 정보 전달 시 그와 관련된 정황 역시 반드시 밝혀야 합니다. 즉, 정보의 출처 및 정보원, 그에 대한 자기 생각과 가치 판단을 분명히 밝혀야만 하는 것입니다. 그래야만 그것이 믿을 만한 정보인지 정확히 판단할 수 있기 때문입니다.

정확한 정황 정보는 문제 해결의 실마리가 되기도 합니다. 어떤 비밀이라도 그것을 통해 유추해서 진실을 알 수 있기 때문입니다. 그런 점에서 협상가는 협상 능력 못지않게 관찰 능력 역시 뛰어나야 합니다. 특히 접수국[6] 군주의 마음과 생각을 정확히 읽을 줄 알아야 합니다. 그의 말과 행동만으로도 그가 어떤 생각을 하고 있으며, 야망은 어느 정도이고, 능력은 얼마나 뛰어난지, 호전적인지, 평화를 사랑하는지, 실질적인 지배자인지, 아니면 그 뒤에 누가 있는지, 무엇에 흥미를 느끼는지, 존경하는 인물은 누구인지, 우리에게 대해서 어떻게 생각하는지 등을 정확히 알아내야 합니다. 또한, 그것을 기초로 그 나라의 군사력과 군사시설 현황 및 국민이 군주를 어떻게 생각하는지, 군주에 반대하는 세력은 누구이며, 얼마나 되는지, 종교 문제에 관한 생각과 입장, 군사 예산의 규모 역시 반드시 파악해야 합니다. 나아가 다른 나라와 맺은 동맹, 특히 적국과의 동맹 관계에 대해서도 반드시 알아야 합니다.

그런 정보를 얻으려면 접수국 군주와 돈독한 관계를 맺어야 합니다. 그래야만 공식 석상이 아닌 곳에서도 자주 만나서 더 많은 정보를 얻을 수 있기 때문입니다.

---

[6] 외국의 외교 사절이나 영사 등을 받아들이는 쪽의 나라

연회만큼 그런 정보를 효과적으로 얻을 수 있는 행사도 없습니다. 다만, 연회를 하려면 적지 않은 돈이 드는 것이 단점입니다. 따라서 적절히 하되, 반드시 핵심 정보를 알아내는 것을 목표로 해야 합니다. 그렇게만 한다면 거기에 드는 비용은 전혀 아깝지 않을 것입니다.

어떤 편견도 갖지 않는 '열린 마음'

사람마다 정치적 신념이나 자신이 믿는 신이 다른 경우가 많습니다. 특히 종교는 나라와 민족마다 다른 경우가 많고, 오래도록 전해져 내려오는 고유한 것인 만큼 함부로 지적해서는 안 됩니다.

외국에 파견된 협상가는 이 사실을 인정하고, 어떤 일이 있어도 정치적, 종교적 편견 때문에 상대를 차별해서는 안 됩니다. 그렇게 되면 상대 역시 협상가를 더는 신뢰하지 않기 때문입니다. 그것이 전부가 아닙니다. 정보 역시 얻을 수 없기에 검증 불가능한 정보에 의지할 수밖에 없습니다.

더 큰 문제는 따로 있습니다. 만일 그들이 권력을 잡았을 경우 돌이킬 수 없는 상황에 직면할 수도 있다는 것입니다. 따라서 협상가는 어떤 단체, 어떤 사람과도 편견 없이 원만한 관계를 맺어야 합니다.

수행원이나 필요한 인력을 선발할 때 역시 마찬가지입니다. 정치적, 종교적인 문제로 어떤 차별도 해서는 안 됩니다.

사람과 사물을 '비교, 분석하는 능력'

협상가가 되려는 사람은 사람과 사물을 보는 관점이 일반인과는 달라야 합니다. 아무 생각 없이 그저 보고 즐기는 것은 협상가가 되는 데 있어서 전혀 도움이 되지 않습니다.

협상가가 되려면 사람과 사물을 볼 때 비교, 분석하는 능력을 키워야 합니다. 예컨대, 외국을 방문했을 때 자국과 비교해서 법률과 관습이 어떻게 다른지, 정치 형태의 장점은 무엇이며, 국민의 주된 관심사는 무엇인지 등을 주의 깊게 살펴야 합니다. 그런 점에서 협상가가 되려면 많은 나라에 가보는 것이 좋습니다.

에스파냐와 이탈리아처럼 협상가를 파견할 때 미래의 협상가가 될 젊은이들을 동행하게 하는 방법 역시 추천할 만합니다. 그러면 그들 역시 나라를 대표한다는 사실에 큰 기쁨을 느낄 뿐만 아니라 이루 말할 수 없는 자긍심과 애국심을 느낄 것입니다. 이전에는 알 수 없던 큰 깨달음을 얻을 수도 있습니다. 생각건대, 젊은이들에게 국외에서 자기 나라를 대표하는 방법을 가

르치고자 할 때 그보다 좋은 방법은 없을 것입니다.

자기 생각을 다른 나라 말로 표현하는 '외국어 능력'

협상가가 되려면 두 나라 정도의 말쯤은 통역의 도움 없이 자유자재로 말할 수 있어야 합니다. 그러면 통역자의 선입견이나 무지로 인한 피해를 보지 않을 수 있을뿐더러 항상 통역과 함께해야 하는 불편함 및 통역이 아무 생각 없이 비밀을 털어놓는 위험한 상황에서도 벗어날 수 있습니다. 하지만 가장 큰 장점은 자기 생각을 있는 그대로 말할 수 있다는 것입니다.

협상가가 되려면 독일어, 이탈리아어, 에스파냐어, 라틴어 정도는 반드시 알아야 합니다. 특히 라틴어는 기독교권에 속하는 나라의 공용어이기에 그것을 모르고서는 공직 생활을 제대로 할 수 없습니다.

국민의 삶을 유익하게 하는 '책임감'과 '사명감'

협상가는 나라와 국민의 이익을 위해서 중요한 공적 임무를 수행합니다. 그 때문에 다양한 분야에 관심을 두고, 국민이 원하는 일을 그때그때 수행해야 합니다.

협상가는 학문의 주인이 되어야 합니다. 학문의 노예가 되어서는 절대 안 됩니다. 그러자면 모든 분야에 최선을 다하되, 완전히 몰입해서는 안 됩니다. 모름지기 국민에게 봉사하는 사람은 학문 연구에 힘쓰기보다는 변화를 끌어내야 하기 때문입니다. 따라서 공부의 목적 역시 과거와 과거 사람들에 관해서 아는 것이 아닌 국민의 삶을 유익하게 하는 데 두어야 합니다. 즉, 지식을 쌓는 것이 아닌 지식을 응용해서 국민의 삶을 개선하고 발전시키는 데 이바지해야 합니다. 어떤 일이 있어도 그것을 절대 잊어서는 안 됩니다.

토스카나 공작의 교훈

토스카나 공작(Duke of Tuscany)[7]은 매우 지혜롭고 현명한 군주였습니다.

언젠가 베네치아 대사가 로마에 가던 길에 그의 궁정에 들렀을 때의 일입니다. 공작이 베네치아 공화국이 능력도 없는 사람

---

[7] 피렌체의 지배 세력이었던 메디치 가문의 수장

을 피렌체 공사로 파견했다며 불평을 늘어놓자, 대사는 이렇게 말했습니다.

"베네치아에는 바보들이 매우 많아서 그리 놀랄만한 일도 아닙니다."

그 말을 들은 토스카나 공작은 이렇게 말했습니다.

"피렌체에도 바보가 많지만, 우리는 그들을 수출하지는 않습니다."

공작의 말은 외교와 협상에 있어서 적임자를 발탁하는 일이 얼마나 중요한지 말하고 있습니다.

PARIS TOP NEGOTIATOR

FRANCOIS

DE

CALLIERE

THE BEST NEGOTIATION MANUAL

3장

최고의 협상은
어떻게 만들어지는가

PARIS TOP NEGOTIATOR

CALLIERE

파리 최고의 협상가 켈리에

협상의 선결 조건,
우호 증진

대부분 전쟁은 사소한 사건에서 시작되는 경우가 많습니다. 생각건대, 서로 조금만 더 양보하고 배려했다면 전쟁은 절대 일어나지 않았을 것입니다.

전쟁을 막는 최고 방법은 무엇일까요? 바로 외교적 '협상'입니다. 하지만 거기에는 선결 조건이 있습니다. 서로 잘 알아야 한다는 것입니다. 그래야만 서로가 원하는 것을 얻을 수 있을 뿐만 아니라 최소한 손해 보는 협상은 하지 않기 때문입니다.

비단, 전쟁뿐만이 아닙니다. 경제나 평화와 관련된 협상 역시 마찬가지입니다. 상대가 원하는 것을 알아야만 그에 맞는 협상 전략을 마련하고 효과적으로 대응할 수 있습니다. 따라서 가능한 한 많은 나라에 협상가를 파견해서 우호 관계를 맺고, 그 나라에 관한 많은 정보를 얻어야 합니다. 협상을 유리하게 하는 데 있어 그것만큼 중요한 조건은 없습니다.

협상의 최우선 기준, 이해관계 파악

로앙(Rohan)[1] 공작을 지낸 앙리(Henri II)는 유럽 각국 군주들의 이해관계를 담은 글에서 이렇게 말한 바 있습니다.

"군주는 국민을 다스리기도 하지만, 동시에 이해관계의 지배를 받는다."

이해관계에 관한 한 이보다 더 정확한 말은 없을 것입니다. 사실 군주뿐만 아니라 모든 사람이 마찬가지입니다. 그런 점에서 이렇게 말해도 될 것입니다.

"모든 사람은 욕망을 다스리기도 하지만, 동시에 이해관계의 지배를 받는다."

실제로 군주와 관료들의 이해관계에 대한 지나친 집착이 협상

---

[1] 프랑스의 공국 중 하나로 프랑스 역사에서 매우 중요한 역할을 했다.

을 망치는 때도 얼마든지 있습니다. 군주와 관료가 자신들의 욕망을 충족시키고자 국가와 국민에게 불리한 협정을 맺는 경우가 바로 그것입니다.

주목할 점은 많은 나라에서 그런 일이 자주 일어난다는 것입니다. 그 때문에 협상에서 성공하려면 상대국 군주와 권력가, 국민의 이해관계를 철저히 파악하고, 협상 시 그점을 적극적으로 활용해야 합니다.

국가 역시 이해관계의 지배를 받습니다. 국가의 이해관계에 영향을 미치는 요소는 매우 많습니다. 국익은 물론 군주와 관료, 국민 각자의 이익 및 미래에 대한 바람 등등.

중요한 것은 그것이 협상의 최우선 기준이 되는 경우가 많다는 것입니다. 따라서 협상가는 협상 상대의 결정에 영향을 미치는 이해관계를 정확히 파악해야 합니다. 그래야만 자기가 원하는 방향으로 협상을 끌어갈 수 있습니다. 예컨대, 상대의 욕망을 적절하게 자극하면 생각지도 못했던 이익을 얻거나 상대의 목표를 어긋나게 할 수도 있습니다. 우리가 아는 최고의 협상은 대부분 그렇게 해서 만들어졌습니다.

유럽 각국 군주들의 이해관계는 실로 매우 다양합니다. 그것을 정확히 알려면 각국의 왕조 계보를 자세히 알 필요가 있습니다. 많은 나라가 동맹과 결혼 등으로 복잡하게 얽혀 있기 때문입니다. 아닌 게 아니라 그로 인해 갈등이나 전쟁이 수시로 일어나기도 합니다.

협상가는 각국의 법률과 관습, 제도, 왕위 계승과 관련된 문제 및 규율에 대해서 잘 알아야 합니다. 특히 각국의 정치 형태에 관한 연구는 협상가의 필수 의무 중 하나입니다. 따라서 협상에 임하기 전 반드시 그것을 숙지해야 합니다. 그것을 알고 협상하는 것과 전혀 알지 못한 채 협상하는 것은 큰 차이가 있기 때문입니다. 나침반 없이 바다를 항해한다고 생각해보십시오. 생각건대, 얼마 가지 못해서 항로를 잃고 헤맬 것이 틀림없습니다. 그런 점에서 상대국에 대한 정보 숙지는 항로를 헤매지 않게 하는 나침반과도 같습니다.

놀라운 사실은 협상 경험이 단 한 번도 없는 사람이 협상 책임자로 파견되는 경우가 적지 않다는 것입니다. 과연, 그들이 나라와 국민을 위해서 제대로 일할 수 있을까요?

절대 그럴 수 없습니다. 그들은 모든 나라의 법률과 관습, 정치 형태 등이 비슷할 것이라는 착각하는 경우가 많습니다. 그러다 보니 상대국에 관해서 전혀 알지 못한 채 협상하기 일쑤입니다. 하물며 그 나라의 군주가 누구인지도 모르는 경우가 많습니다. 그런 사람이 협상가로서 의무와 책임을 제대로 수행할 리 없습니다.

겉으로 보기에는 나라마다 법률과 관습 등이 큰 차이가 없어 보이지만, 실제로는 매우 다릅니다. 그 때문에 그것을 모르는 채 협상에 임했다가는 크게 망신당할 수도 있습니다. 따라서 협상 전에 상대국에 관한 정보 숙지는 필수입니다.

상대국 역사를 모르는 협상가는 백전백패

협상에 임하기 전 상대국 역사를 숙지하는 것만큼 중요한 일은 없습니다. 상대국 역사를 모르면 협상에서 실패하기에 십상이기 때문입니다. 아닌 게 아니라 협상을 하다 보면 역사적 은유를 통해 협상 안건에 접근하고, 문제를 해결하는 경우가 꽤 많습니다. 그 때문에 역사를 모르면 상대가 말하는 의미를 제대로 이해할 수 없을 뿐만 아니라 협상의 핵심 역시 놓칠 수 있습니다. 따라서 협상가는 협상 상대국의 역사에 관해 정확하고 깊이 있는 지식을 갖추고 있어야 합니다. 협상의 장애물을 제거하고, 협상을 원활하게 하는 데 있어 그것만큼 유용한 방법은 없습니다. 문제는 그 능력은 아무나 가질 수 있는 것이 아니라는 것입니다. 끊임없는 노력과 오랜 경험을 쌓지 않으면 절대 습득할 수 없습니다.

협상 성공의 핵심, 힘의 균형점 파악

가능한 한 많은 나라와 협정을 맺어 우호를 증진하거나 평화롭게 지내는 것이 좋지만, 협정을 맺기가 곤란한 나라도 간혹 있습니다. 특히 군주에 맞서는 세력이 크고, 힘이 센 나라일수록 그런 경우가 많습니다. 그들은 군주가 하는 일마다 사사건건 반대하면서 군주의 권위를 흔들기 일쑤입니다.

그런 나라의 대표적인 예로 이웃한 영국이 있습니다. 영국은 의회의 권한이 절대적입니다. 국왕의 뜻과 상관없이 외국과 평화 협정을 맺거나 전쟁 개시 결정을 내릴 수 있을 정도입니다.

폴란드 역시 평민 의회가 국가 정책을 좌지우지합니다. 귀족 의회에서 만장일치로 결정한 사항이라도 평민 의회에서 얼마든지 기각할 수 있습니다. 국왕과 상원이 결정한 정책 역시 마찬가지입니다. 그러다 보니 국왕의 권위가 떨어지는 것은 물론 상원과 귀족 의회가 평민 의회의 눈치를 보는 경우가 많습니다.

만일 영국이나 폴란드 같은 나라와 부득이하게 협상해야 한다면 어떻게 해야 할까요?

국가 간의 협상에서는 힘의 균형점이 어디에 있는지, 이해관계가 무엇인지 파악하는 것이 매우 중요합니다. 그것이 협상 성공의 핵심이 될뿐더러 그것을 이용해서 최대한의 이익을 얻을 수 있기 때문입니다.

강대국 협상가일수록 부드러워야 하는 이유

협상가는 부드럽고, 성실하며, 옳고 그름 및 선과 악을 구별하는 도덕의식을 지녀야 합니다. 뭔가를 숨기는 듯하거나 엉큼하고 흉악한 사람처럼 보여서는 안 됩니다. 상대에게 결정을 강요하거나, 협상 과정에서 생기는 어려움을 대충대충 넘어가려고 해서도 안 됩니다. 그렇게 하면 상대에게 나쁜 이미지만 심어줄 뿐입니다.

상대의 주장을 무조건 반대하고 비난하는 일 역시 삼가야 합니다. 빈틈없는 논리와 이성을 기초로 상대를 설득하고, 자기 생각을 논리적으로 전해야 합니다. 반면, 상대의 허점은 가능한 한 모르는 척 넘어가 주는 것이 좋습니다. 누구보다도 그 자신이 그것을 가장 잘 알고 있기에 그런 에티켓을 발휘하면 상대 역시 반드시 보답하기 마련입니다.

협상가는 말과 행동에서도 모범을 보여야 합니다. 즉, 말과 몸가짐에 한 치의 흐트러짐도 있어서는 안 되며, 항상 겸손해야 합니다. 그런 점에서 볼 때 강대국 협상가일수록 오히려 부드러워야 합니다. 나라의 힘만 믿고 함부로 날뛰거나 자기 생각만 강요해서는 안 됩니다. 그 순간, 협상은 토의의 자리가 아닌 싸움의 자리가 되고 맙니다.

복잡하고 어려운 협상일수록
안건을 간단히 해야 한다

협상의 모든 과정을 알지 못하면 아무리 큰 이익을 얻어도 시작조차 하지 않으려는 이들이 간혹 있습니다. 협상의 어려움과 복잡함이 그것을 스스로 포기하게 하기 때문입니다. 그 때문에 협상에 관한 모든 준비를 마친 사람을 제외하고는 그 누구에게도 협상과 관련된 구체적인 정보를 밝히지 않는 것이 좋습니다.

단언컨대, 쉬운 협상은 단 하나도 없습니다. 어떤 협상이건 어렵고 힘듭니다. 누구나 손해는 최소로, 이익은 최대한 많이 얻기 위해 애쓰기 때문입니다.

복잡하고 어려운 협상일수록 안건을 간단하게 해야 합니다. 또한, 상대가 협상 전략을 눈치채기 전에 협상을 시작하는 것이 좋습니다. 그렇게 해서 협상을 통해 천천히 서로의 조건을 맞춰가야 합니다.

협상이 막힐 때는 '인간 본성'을 공략하라

협상의 묘미는 뛰어난 볼링 선수가 코스의 경사도를 잘 이용해서 게임을 능수능란하게 풀어나가듯 아무리 어렵고 복잡한 안건이라도 원만하게 타협해서 공평하게 이익을 분배하는 데 있습니다.

이와 관련해서 고대 그리스의 스토아학파를 대표하는 철학자인 에픽테토스(Epiktetos)[2]는 자신의 저서 《편람》에서 이렇게 말한 바 있습니다.

"모든 물건에는 그것을 옮기는 데 쓰는 손잡이가 두 개씩 있다. 문제는 하나는 다루기가 쉽지만, 다른 하나는 다루기가 무척 어렵다는 것이다. 어려운 손잡이를 선택하면 물건을 옮기기는커녕 들어 올리기조차 쉽지 않기 때문이다. 따라서 가능한 한 그것은 선택하지 않는 것이 좋다. 하지만 어려운 손잡이라도 방향만 제대로 잡으면 의외로 물건을 쉽게 옮길 수 있다."

협상하다 보면 반드시 논쟁하게 되고, 협상이 막히는 순간이 옵니다. 서로의 이해관계와 원하는 것이 다르기 때문입니다. 그렇다고 해서 협상을 거기서 끝내서는 안 됩니다.

협상에서 논쟁하지 않고, 서로가 원하는 성과를 얻기 위해서는 자신의 의견이 상대의 이익을 옹호하는 것처럼 보이게 해야

---

[2] 스토아철학 학파의 후기에 속하는 노예 출신 철학자. 자신이 직접 저술한 책은 없지만, 그의 제자인 아리아노스가 필사한 《강연》과 도덕 규칙과 철학적 원리를 모은 《편람》이 전해진다.

합니다. 그 핵심은 상대의 관점에서 문제를 바라보는 데 있습니다. 생각건대, 험악한 분위기에서 자신의 실수를 용감하게 고백하는 협상가는 아마 없을 것입니다. 온갖 비판이 자신을 향해 쏟아질 수도 있을 뿐만 아니라 책임 역시 고스란히 져야 하기 때문입니다.

뛰어난 협상가일수록 상대를 다루는 능력이 뛰어납니다. 그들은 어떤 상대라도 한순간에 제압해서 협상 분위기를 부드럽게 만듭니다. 그 비결은 바로 인간 본성을 이용하는 것입니다. 그들은 다양한 각도에서 문제를 바라보며 해결 방법을 찾습니다. 예컨대, 협상이 교착상태에 빠지면 상대의 자존심을 세워주거나 기분 좋게 해서 그것을 새로운 관점에서 바라보게 유도합니다.

누구나 자신이 합리적인 사람으로 보이기를 원합니다. 협상가는 상대의 그런 미묘한 자존심을 활용할 줄 알아야 합니다. 특히 상대가 두 명 이상이라면 각자의 자존심을 효과적으로 이용할 필요가 있습니다. 중요한 것은 그러면서도 상대의 합리적인 부분을 적절히 칭찬해서 협상 분위기를 부드럽게 하고, 협상을 자신에게 유리한 방향으로 끌고 가야 한다는 것입니다.

협상의 묘수,
공평한 이익 분배

고대 한 철학자는 우정에 관해서 다음과 같이 말한 바 있습니다.

"우정이란 서로가 자신의 이익을 추구하는 거래에 지나지 않는다."

생각건대, 이보다 우정을 숨김없이 표현한 말은 없을 것입니다.

나라와 나라 사이에 맺는 조약 역시 마찬가지입니다. 그것은 서로의 이해관계에 따라 이익을 공평하게 분배하는 거래에 지나지 않습니다. 물론 그보다 훨씬 노골적인 경우도 얼마든지 있습니다.

모든 조약은 상호 이익을 기초로 합니다. 그런 점에서 그것을 충족하지 않는 조약은 조약이라고 할 수 없으며, 언제든지 파기될 수 있습니다.

협상의 묘수는 양국의 이익을 확실히 하고, 그것을 공평하게 나누는 데 있습니다. 상대국보다 힘이 더 세다고 해서 위협하고 강요해서는 절대 안 됩니다. 협상에서 상대를 위협하고 강요하는 것은 군대를 동원해서 그 나라를 침공하겠다는 선전포고와도 다르지 않기 때문입니다. 이익을 공평하게 나누려면 위협과 강요가 아닌 이성과 논리를 기초로 서로가 만족할 만한 결과를 얻을 때까지 최선을 다해 협상해야 합니다.

사실 어떤 나라도 상대할 수 없을 만큼 강한 나라에 있어서 협상은 그다지 의미가 없습니다. 군주의 의지만이 중요할 뿐입니다. 얼마든지 자기 마음대로 할 수 있기 때문입니다. 그러나 어느 정도 힘이 균형을 이룬 나라 사이의 협상은 다릅니다. 그 여파가 주변 나라들에까지 미치기 때문입니다. 그러다 보니 주변 나라들 역시 자국에 유리한 협상을 한 나라 편을 들 수밖에 없습니다.

역지사지의 지혜

사람은 신분과 지위에 따라 많은 것을 누릴 수도 있지만, 반대로 많은 것을 잃을 수도 있습니다. 군주들을 보십시오. 그들은 신분이 낮은 사람들에게는 절대 문제가 되지 않는 수많은 약점에 항상 노출되어 있습니다.

고위 관료들 역시 마찬가지입니다. 그들의 마음속에는 '나는 다른 사람과 다르다'라는 특권 의식과 자만이 항상 가득합니다.

그러다 보니 그런 속된 마음을 이용해서 개인적인 이익을 얻으려는 이들의 로비 대상이 자주 되곤 합니다.

다른 사람의 권력이나 약점을 이용해서 이익을 취하는 것만큼 교활한 일은 없습니다. 누가 보더라도 떳떳하지 못할뿐더러 야비한 일임이 틀림없기 때문입니다.

사람의 마음을 사로잡으려면 그런 방법을 사용하기보다는 그들의 생각과 마음을 읽고, 스스로 움직이게 해야 합니다. 그러자면 자기만의 감정과 편견에서 벗어나 상대의 관점에서 생각해야 합니다. 예컨대, 군주와 관련된 일이라면 철저히 군주의 관점에서 생각해야 합니다. 그래야만 군주의 생각과 마음을 정확히 읽을 수 있습니다. 또한, 인간적인 면 역시 철저히 고려해야 합니다. 지위와 신분으로 인해 누리는 것 못지않게 잃는 것 역시 많기 때문입니다.

이렇듯 역지사지의 지혜를 발휘하면 상대를 더 깊이 이해할 수 있을 뿐만 아니라 자기 생각과 주장을 더 정확하고 효과적으로 전할 수 있는 장점이 있습니다. 협상가는 이 점을 항상 명심해야 합니다.

따뜻한
말 한마디의 힘

누구나 용기나 힘을 북돋아 주는 일이 필요합니다. 그렇게 하면 적잖이 위로될 뿐만 아니라 더 깊은 관계로 발전할 수 있기 때문입니다.

나라와 나라 사이에서 일어나는 협상에서도 이는 마찬가지입니다. 때로는 따뜻한 말 한마디로 외국 정부의 핵심 기밀을 알아낼 수 있습니다.

협상가나 외교관은 때때로 자국 군주를 대신해서 상대국(접수국) 군주에게 축하와 위로의 말을 대신하기도 합니다. 뛰어난 협상가나 외교관일수록 그 기회를 매우 유용하게 활용합니다. 그들은 그 기회를 통해 자국 군주가 그 나라에 얼마나 많은 관심과 애정을 가졌는지, 두 나라의 우호 관계를 강화하기 위해 어떤 노력을 하는지 등을 자세히 알리면서 접수국 군주에게 접근합니다.

무엇보다도 그들은 한발 앞서 움직입니다. 그 결과, 다른 협상가나 외교관들은 미처 생각하지도 못한 말과 행동으로 상대국 군주의 마음을 사로잡습니다.

협상 상대의
자존심 세워주기

협상가는 때때로 협상 상대의 자존심을 세워줄 필요가 있습니다. 이와 관련해서 제 친구이자, 이 시대 가장 뛰어난 협상가 중 한 명으로 꼽히는 어느 외교관은 이렇게 말한 바 있습니다.

"접수국 군주의 마음을 사로잡으려면 모든 일을 빈틈없이 처리하는 것이 매우 중요합니다. 하지만 그보다 더 쉽고 확실한 방법이 있습니다. 그것은 바로 카드 게임을 하면서 일부러 져주는 것입니다."

그에 의하면, 카드 게임을 하면서 일부러 바보 같은 짓을 하거나, 군주에게 금화 몇 개를 준 것만으로도 큰 협상에서 성공했을 뿐만 아니라 중요한 정보를 상당수 얻을 수 있었다고 합니다.

이 시대 가장 뛰어난 협상가 중 한 명으로 꼽히는 그가 왜 그런 어리석은 짓을 해야만 했을까요?

그의 말속에 해답이 있습니다. 나아가 그것은 이 시대 모든 협상가가 명심해야 할 협상의 진리이기도 합니다.

당면한 문제에만
집중하기

협상가는 협상 중 상대가 괜한 트집을 잡거나 싸움을 걸어오더라도 절대 똑같이 대응해서는 안 됩니다. 오히려 더 겸손하게 자신을 낮추고, 그들의 관점에서 문제를 바라보며 해결책을 찾아야 합니다. 그것은 마치 고장 난 시계를 대하는 '시계 수리공'과도 같습니다.

경험 많고 능력이 뛰어난 시계 수리공일수록 다른 것에는 절대 신경 쓰지 않습니다. 오직 고장 난 시계에만 집중합니다. 그 순간에는 고장 난 시계를 고치는 일이 무엇보다도 중요하기 때문입니다.

협상가 역시 항상 이 점을 명심해야 합니다. 현재 맞닥뜨리고 있어 해결이 시급한 문제에만 신경 써야 합니다. 즉, 당면 문제에만 집중해서 그것을 해결하는 데 모든 신경을 집중해야만 합니다. 하지만 이때 주의해야 할 점이 있습니다. 절대 감정과 편견에 사로잡혀서는 안 된다는 것입니다. 그것은 모든 일에서 정답과 멀어지게 하는 원인이 될 뿐입니다.

함부로 말하는 사람에게 중요한 비밀을 스스럼없이 말하는 사람은 아마 없을 것입니다. 제가 존경하는 한 협상가는 그와 관련해서 이렇게 말한 바 있습니다.

"협상은 열 개의 고리로 이루어진 사슬과도 같습니다. 만일 그중 하나라도 잃어버리면 사슬은 절대 완성할 수 없습니다. 그런 점에서 열 개의 고리를 얻는 것이야말로 협상가가 반드시 해야 할 일이라고 할 수 있습니다."

협상하다 보면 수많은 정보를 접하게 됩니다. 그중에는 누구에게도 절대 말해서는 안 되는 핵심 비밀도 상당수 있기 마련입니다.

자국의 운명과 관련된 중대 사안일수록 핵심 비밀일 확률이 높습니다. 따라서 그런 비밀은 어떤 일이 있어도 끝까지 지켜야 하는 것이 협상가의 의무입니다. 그것이 알려진 순간, 나라 전체가 위험할 수도 있기 때문입니다.

핵심 비밀을 가장 확실히 간직하는 방법은 자신만 그 비밀을 아는 것입니다. 하지만 그것은 불가능합니다. 혼자서는 외교나 협상이라는 중요한 업무를 절대 수행할 수 없기 때문입니다. 그렇다면 차선책이 필요합니다.

가능한 한 소수만 핵심 비밀을 공유하되, 누구에게도 절대 말해서는 안 되는 핵심 비밀과 다른 사람에게 알려져도 괜찮은 정보를 구분하는 것은 어떨까요? 그렇게 해서 핵심 비밀을 제외한 정보는 다른 사람들과 자유롭게 공유할 수 있어야 합니다. 그러면 핵심 비밀을 공유하는 사람은 물론 그와 관련된 사람들 역시 무거운 책임감에서 조금은 자유로워질 뿐만 아니라 자유롭게 정보를 공유할 수 있어서 자기 일에 더 충실할 수 있습니다.

다른 사람의 정보를 취하기만 할 뿐, 자기가 가진 정보를 공개하지 않는 사람과는 누구도 정보를 공유하지 않습니다. 따라서 핵심 비밀을 제외하고는 언제라도 다른 사람들과 정보를 공유할 수 있어야 합니다. 단, 그때도 최대한 신중해야 합니다. 그래야만 신뢰할 만한 사람이라고 생각하고 자신의 정보를 과감히 제공하기 때문입니다.

국가 기밀은 대부분 경솔한 이들에 의해 노출됩니다. 자신의 권위를 자랑하다가 자기도 모르게 그것을 털어놓기도 하며, 군주에 대한 불만과 누군가를 시기하는 마음을 풀려다가 아무 생각 없이 얘기하기도 합니다.

놀라운 사실은 경험 많고 충성스러운 관료 중에도 그런 사람이 적지 않다는 것입니다. 어떤 기밀은 정말 상상도 할 수 없었던 사람에 의해 외부로 새어나가기도 합니다. 그런 점에서 보면 군주는 과연 누구를 믿어야 할까? 라는 의문이 들기도 할 것입니다.

국가 기밀은 군주와 군주가 정말 신뢰하는 몇몇 사람만 공유하는 것이 가장 좋습니다. 문제는 국가 중대사를 계획하고 집행하다 보면 많은 사람이 정보를 공유할 수밖에 없다는 것입니다. 그들 모두를 수시로 점검하기란 사실상 불가능합니다. 따라서 정보의 중요도를 따져서 핵심 기밀과 일반 정보로 구분한 후 접근할 수 있는 권한을 설정하는 것이 좋습니다. 그래야만 핵심 기밀이 외부에 알려지는 것을 그나마 막을 수 있습니다.

외교와 협상에서도 상대를 속이는 일은 빈번하게 일어납니다. 따라서 외교관과 협상가는 모든 정보를 곧이곧대로 믿어서는 안 됩니다. 검증 불가능한 조언 역시 마찬가지입니다. 업무와 관련해서 만나는 사람들의 이해관계 및 동기뿐만 아니라 정보 제공자와 그들이 제공하는 정보 역시 수시로 점검하고 의심해야 합니다. 아울러 정보원이 정보를 얻은 방법 역시 철저히 조사해서 그것이 자신이 알고 있는 사실과 부합하는지도 꼼꼼히 살펴야 합니다.

이중 스파이 조심하기

외교와 협상에도 전쟁처럼 두 나라를 오가며 활동하는 이중 스파이가 반드시 있습니다. 실제로 어떤 군주는 자신이 가장 신임하는 친구를 이중 스파이로 만들어서 깜짝 놀라게 하기도 했습니다.

영국에서는 네덜란드 외교관이 찰스 2세(Charles II)의 국정 자문관에게 깜빡 속아 넘어간 일이 있었습니다. 그 자문관은 네덜란드 외교관에게 이렇게 말했습니다.

"사람들 사이에서 영국이 네덜란드를 공격할 것이라는 소문이 돌던데, 이는 헛소문에 불과합니다."

그러자 네덜란드 외교관은 즉시 자국 군주에게 편지를 보내 이 소식을 전했습니다.

"영국에 대해서는 걱정할 필요가 전혀 없습니다. 영국이 네덜란드를 공격할 것이라는 얘기는 헛소문에 불과하기 때문입니다."

　사실 당시 유럽에는 영국이 네덜란드를 곧 공격할 것이라는 소문이 널리 퍼져있었습니다. 그러다 보니 네덜란드 군주와 국민의 걱정과 불안은 이만저만 큰 게 아니었고, 모든 외교관이 그와 관련된 정보를 모으기 위해 바쁘게 움직였습니다. 그런데 영국 국왕의 자문관이 그것이 헛소문임을 직접 밝힌 것입니다. 네덜란드로서는 불행 중 다행이었습니다. 하지만 그것이 끝이 아니었습니다. 그 자문관이 찰스 2세의 이중 스파이였기 때문입니다. 그는 네덜란드 외교관의 고지식함을 역이용했다고 훗날 밝힌 바 있습니다.

　이중 스파이는 처음에는 옳은 정보를 주지만, 나중에는 한쪽을 철저히 속입니다. 실제로 어떤 이중 스파이는 다른 나라 외교관과 비밀리에 연락을 취하는 척하면서 그에게 옳고 그른 정보를 동시에 전해서 핵심 비밀을 교묘하게 숨기기도 했습니다.

　중요한 협상을 앞둔 협상가와 외교관은 이런 이중 스파이를 특히 조심해야 합니다.

첩보원 및
첩보 기관 활용하기

전쟁에서 승리하기 위해서는 많은 전략과 전술이 필요합니다. 적의 움직임을 살피고, 정보를 몰래 빼돌려서 제공하는 스파이의 역할 역시 절대 무시할 수 없습니다. 역사 속 수많은 전쟁 중 스파이로 인해 그 승패가 갈린 경우가 적지 않다는 것이 그 방증입니다.

협상 역시 마찬가지입니다. 협상에서 이기려면 상대의 정보를 속속들이 아는 뛰어난 첩보원과 첩보 기관이 꼭 필요합니다. 문제는 그러자면 생각지도 못한 비용이 든다는 것입니다. 그렇다고 해서 거기에 드는 비용을 아까워해서는 절대 안 됩니다. 물론 첩보원이나 첩보 기관을 신뢰하지 않는 사람도 여전히 많습니다.

그와 관련해서 어느 장군은 이렇게 말한 바 있습니다.

"보잘것없는 정보를 믿느니, 차라리 군대를 하나 더 늘리는 것이 훨씬 낫다."

하지만 그것은 첩보 기관을 제대로 활용하지 못했을 때의 일입니다. 만일 적에 관한 정확한 정보, 예컨대 적의 전략과 전술, 적의 위치 및 적의 수, 무기 현황 등에 관한 핵심 정보를 알 수만 있다면 군이 더 많은 돈을 들여서 군대를 늘일 이유가 없기 때문입니다. 그러므로 다른 비용은 다 줄이더라도 첩보원과 첩보 기관을 활용하는 데 필요한 비용만큼은 반드시 확보해야 합니다.

문제는 협상가가 대부분이 첩보원과 첩보 기관의 중요성을 제대로 인식하지 못하고 있다는 것입니다. 그러다 보니 아직도 많은 협상가가 불필요한 사람들을 고용하는 데 여전히 많은 돈을 지출하고 있습니다.

이와 관련해서 우리는 에스파냐로부터 큰 교훈을 배워야 합니다. 에스파냐는 첩보원을 절대 소홀히 취급하지 않기 때문입니다. 그들은 수많은 협상에서 첩보원을 적극적으로 활용해서 큰 성공을 거둔 바 있습니다. 심지어 에스파냐 궁정에는 외교관들에게 '가스토스 세크레토스(Gastos Secretos)'라는 비밀 경비를 지급하는 관습까지 있을 정도입니다.

위급할수록
군주의 관점에서 생각해야 한다

뛰어난 협상가일수록 군주의 마음을 정확히 읽고 실행할 줄

압니다.

군주의 마음을 읽으려면 군주에 관해서 잘 알아야 합니다. 군주의 성향과 취미, 위기대응 방식 등을 잘 알고 있어야만 위급한 상황이 일어났을 때 재빨리 대처할 수 있기 때문입니다. 예컨대, 자국의 명령을 기다릴 수 없을 만큼 긴급한 상황이 발생했다고 생각해보십시오. 일분일초를 다투는 긴박한 순간, 협상가는 오직 자신의 판단에 따라 위기에 대처해야만 합니다.

그 순간, 가장 좋은 방법은 군주의 관점에서 생각하는 것입니다. 즉, 군주라면 이 순간 어떻게 했을까? 라고 생각하고 움직이는 것입니다. 따라서 평소 군주에 관해서 잘 알고 있는 협상가라면 아무리 위급한 상황에 부딪혀도 전혀 당황하지 않고 지혜롭게 대처할 수 있습니다.

성공을 백 퍼센트 확신할 수 없다면 성공의 '성'자도 꺼내지 말라

협상에서 성공하기 위해서는 자국과 빠르고 정확하게 정보를 주고받는 일사불란한 지원 체계가 필요합니다. 시시각각 변하는 상대의 전략은 물론 협상 진행 과정을 속속들이 알고 거기에 재빠르게 대응하기 위해서입니다. 그런 점에서 자국으로부터 정보를 제때 통보받지 못하는 협상가는 원활하게 협상을 진행할 수 없습니다.

만일 협상 과정을 자국에 보고해야 할 때 성공 가능성이 없다면 어떻게 해야 할까요?

협상 성공을 백 퍼센트 확신할 수 없다면 성공의 '성'자도 꺼내지 않는 것이 좋습니다. 그러다가 협상이 결렬되는 경우도 얼마든지 있기 때문입니다. 성공에 대한 확신이 어느 정도 있을 때 역시 마찬가지입니다. 성공을 낙관하기보다는 불확실하다고 전하는 편이 훨씬 좋습니다. 협상이 유리하다고 했을 때보다 전망이 그리 밝지 않다고 했을 때 성공하면 능력을 더 인정받을 수 있을 뿐만 아니라 깊은 신뢰를 얻을 수 있기 때문입니다.

상대국 협상 관계자나 그 정부로부터 협상가로서의 능력과 자질을 칭찬하는 말을 들으면 더욱더 좋습니다. 어느 군주라도 자신이 발탁한 협상가의 활약에 얽힌 이야기를 들으면 크게 기뻐할 것이 틀림없기 때문입니다. 하지만 거기에는 선결 조건이 있습니다. 평소에 인간관계를 잘 맺어놓아야 한다는 것입니다. 그래야만 상대가 호의를 베풀기 때문입니다. 그렇다고 해서 뇌물을 주거나, 불확실한 이익을 담보로 상대국 협상 관계자를 이용해서는 절대 안 됩니다. 잘못하면 오히려 이용만 당하는 최악의 결과를 만들 수도 있기 때문입니다.

비밀 협상일수록 새로운 인물이 필요한 이유

중요한 비밀 협상일수록 이미 알려진 인물보다 새로운 인물을 발탁해야 합니다. 그 이유는 다음과 같습니다.

외교관은 파견 후 그 나라 권력가 및 주요 인사 등과 친분을 맺는데, 바로 그 점이 비밀 협상에 기존 인물을 발탁해서는 안 되는 가장 중요한 이유입니다. 그에 관한 정보를 상대국이 이미 훤히 알고 있기 때문입니다.

협상가와 외교관은 업무 특성상 '명예로운 스파이'일 수밖에 없습니다. 하지만 누군가에게 자신의 비밀을 드러내거나 조사받는 일이 있어서는 절대 안 됩니다.

최근 들어 우리를 깜짝 놀라게 한 협정은 한 가지 공통점이 있습니다. 비밀리에 파견한 협상가들의 활약이 매우 컸다는 것입니다. 가장 어렵고 힘든 협상 중 하나였던 뮌스터 조약만 해도 그렇습니다. 각국 협상가들이 뮌스터에서 만나 즉시 그것을 체결한 것이 절대 아닙니다. 그 조약의 핵심 조항은 바바리아의 막시밀리안 대공(Duke Maximilian)[3]이 보낸 비밀 협상가와 마자랭 추기경이 파리에서 만나 초안을 잡았습니다.

피레네 조약 역시 마찬가지입니다. 그것은 마자랭 추기경과 에스파냐 국왕의 비밀 사절인 로드리고 알론소 피멘텔(Rodrigo Alonso Pimentel) 공작이 리옹에서 맺은 비밀 협상의 결과였습니다. 또한, 저 역시 협상에 참여한 바 있는 레이스베이크 조약도 네덜란드에서 비준되기 전 비밀 협상을 통해 이미 추진된 바 있습니다.

조약문 작성 시
주의할 점

주권을 가진 나라들 사이에는 여러 가지 조약이 맺어집니다. 조약은 거기에 참여한 나라들 사이에 규칙이나 법령, 일정한 한

---

[3] 남독일 바이에른(바바리아)의 대공으로 30년 전쟁에서 가톨릭 세력과 황제군의 선두에 섰던 인물

도를 정하여 그 이상을 넘지 못하도록 제한하는 것을 목적으로 합니다. 대표적인 예로 평화, 휴전, 통상, 동맹에 관한 조약이 있습니다.

전쟁이나 경제 협상처럼 어느 한 편에 가담해야 하는 상황에서 중립을 보장하는 조약도 있습니다. 또한, 공개적인 것이 있는가 하면, 절대 공개해서는 안 되는 비밀스러운 조약도 있습니다. 드물기는 하지만, 불확정 조약이라는 것도 있습니다. 그것은 언젠가 있을지도 모를 상황에 대비하는 것으로 그때의 상황에 따라 그 성사 여부가 결정됩니다.

두 나라를 대표하는 협상가가 조약에 서명하면 두 장의 문서가 만들어집니다. 협상가는 문서 상단에 군주의 이름을 쓰고, 하단에 자기 이름을 적습니다. 그렇게 하는 이유는 서로 지키기로 정한 규칙을 잊거나 위반하지 않기 위해서입니다.

조약은 대부분 기존 사례를 기초로 합니다. 따라서 항상 똑같은 형식으로 작성되며 조항 수 역시 같습니다. 단, 이때 주의할 점은 문서 조항이 자국의 다른 일에 손상을 주거나 그 이익을 절대 침해해서는 안 된다는 것입니다. 또한, 조문 내용을 명확히 해서 여러 해석이 나오지 않도록 해야 합니다.

협상가는 조약문 작성 시 그 점을 명심해야 합니다. 그러자면 상대국 언어에 능통할 필요가 있습니다. 단어 하나 때문에 조약의 의미가 달라지는 경우도 얼마든지 있기 때문입니다. 예컨대, 상대국 언어에 능숙하지 않은 협상가는 조약문에 적절한 단어가 사용되었는지, 단어의 뜻이 자신이 생각하는 것과 같은지 올바로 판단할 수 없습니다. 그런 점에서 볼 때 상대국 언어를 모르는 것은 외교에 심각한 문제를 초래한다고 할 수 있습니다.

협상의 생명, 보안 유지하기

외교와 협상에서 보안의 중요성은 아무리 강조해도 지나치지 않습니다. 그 때문에 많은 나라가 별도의 암호를 사용해서 공문을 작성하기도 합니다.

암호는 교묘하고 정교해야 합니다. 그렇지 않으면 이해관계가 걸려 있는 이들이 암호 해독 능력이 있는 이들을 이용해서 얼마든지 그것을 풀 수 있기 때문입니다. 아닌 게 아니라 최근 들어 암호를 전문적으로 해독하는 이들이 매우 많아졌습니다. 생각건대, 그들이 명성을 얻는 이유는 좋은 암호를 잘 해독해서라기보다는 엉터리 암호가 그만큼 많기 때문입니다. 제 경험상

보안이 철저히 유지되는 암호는 내부의 배신자 없이는 절대 해독할 수 없습니다. 즉, 아무리 암호 해독 능력이 뛰어난 전문가라도 부정한 도움 없이는 암호를 해독하는 것이 불가능합니다.

협상가는 자국의 핵심 정보를 보호하기 위해 가능한 한 모든 노력을 다해야 합니다. 그러자면 자신은 물론 자신이 거느린 직원들에게도 암호 사용법은 물론 암호를 보호하는 법에 대해서 철저히 교육해야 합니다.

문제는 아직도 많은 사람이 정보의 중요성을 제대로 인식하지 못하고 있다는 것입니다. 실례로 공문 작성 시 비교적 덜 중요한 부분은 말로 쓰고, 중요한 부분만 암호로 작성하는 협상가가 더러 있습니다. 저 역시 그런 사람을 몇 명쯤 본 적이 있습니다. 그것은 매운 위험한 일입니다. 암호가 제 기능을 발휘하지 못할 가능성이 크기 때문입니다. 만일 그렇게 작성한 공문이 다른 나라 협상가의 손에 넘어갔다고 생각해보십시오. 생각만 해도 아찔합니다. 말로 쓰인 부분을 참조하면 누구나 그리 어렵지 않게 암호를 해독할 수 있기 때문입니다. 그렇게 되면 국가 기밀 역시 순식간에 드러날 수 있습니다. 따라서 협상가는 공문 작성에 들이는 노력만큼 보안을 유지하는 데도 크게 신경 써야 합니다.

FRANCOIS

DE

CALLIERE

4장

어떻게 하면
최고 협상가가 될 수 있을까

PARIS TOP NEGOTIATOR

CALLIERE

파리 최고의 협상가 켈리에

스스로
높은 기준 세우기

세상에 실수하지 않는 사람은 없습니다. 사는 동안 누구나 수많은 실수를 합니다. 그러면서 뉘우치고, 깨달으며, 성장합니다.

협상가 역시 마찬가지입니다. 단 한 번의 실수도 없이 자신의 임무를 완벽하게 이행하는 협상가는 없습니다.

사실 협상가는 자신의 행동을 평가할 기준이 없습니다. 그러다 보니 적지 않은 협상가가 혼란에 빠지곤 합니다. 이 문제를 어떻게 해결하는 것이 좋을까요?

스스로 높은 기준을 세워야 합니다. 그래야만 혼란스럽지 않을 뿐만 아니라 협상가로서 더 크게 성장할 수 있습니다. 그런 점에서 다음 사항을 적극적으로 고려하라고 권하고 싶습니다.

- 언제나 침착하게 행동할 것
- 살면서 마주하는 장애물 ─ 그것이 우연한 것이건, 신의 뜻이건, 누군가의 간사한 계획에 의한 것이건 ─을 제거하기 위해 끊임없이 노력할 것
- 어떤 상황에서도 침착하고 단호한 태도를 유지할 것
- 감정과 분노를 삶의 지침으로 삼지 말 것

상황이 여의치 않다고 해서 절대 낙담해서는 안 되며, 상황이 좋다고 해서 그것이 지속하리라고 착각해서도 안 됩니다. 세상에 영원한 것은 없습니다. 모든 것은 변하기 마련입니다.

협상가가
가장 먼저 해야 할 일

협상가로 임명된 사람이 가장 먼저 해야 할 일은 과연 무엇일까요?

무엇보다도 자신이 장차 다루어야 할 문제들에 관해서 정확히 알려는 노력이 필요합니다. 예컨대, 외국에 파견되는 외교 협상가는 가장 먼저 자신이 갈 나라에 관해서 공부해야 합니다.

그 나라의 역사와 정치 형태, 유력인사, 이웃 나라와의 관계 및 국민성, 국민의 삶, 군주의 성향 등등.

이때 가장 좋은 방법은 전임자의 도움을 받는 것입니다. 그러면 외교 활동의 계속성을 유지할 수 있을 뿐만 아니라 전임자가 수집한 정보 및 인맥 역시 효율적으로 활용할 수 있기 때문입니다. 또한, 그 나라에서 산 적 있는 자국민과도 만나서 많은 정보를 얻어야 하며, 자신이 부임할 나라를 대표해서 파견된 외교 협상가들과도 친해질 필요가 있습니다. 그들로부터 사적인 추천장을 받을 수 있을 뿐만 아니라 긴급할 때 필요한 부탁을 할 수도 있기 때문입니다. 예컨대, 그들에게 "내가 당신 나라에 가서, 당신이 임무를 성공적으로 수행하고 있으며, 많은 존경을 받고 있다고 말해주겠다."라고 하는 것도 좋은 방법입니다. 사람은 누구나 받는 만큼 베풀기 때문입니다.

베네치아
외교관의 교훈

접수국에 관한 정보를 자국에 보고하는 일은 외교관과 협상가의 중요한 의무 중 하나입니다. 그 때문에 외교관과 협상가는 자신이 보고 들은 사실을 기초로 매일 자국에 보내는 보고서를 작성해야 합니다.

보고서에는 정확한 사실에 기초한 최신 정보를 담아야 합니다. 또한, 자국으로부터 부여받은 명령을 수행하는 적절한 방법과 사용 가능한 방법 역시 반드시 함께 써야 합니다. 문제는 역시 비용입니다. 그렇게 하려면 많은 정보원이 필요하기 때문입니다.

말씀드렸다시피, 가장 좋은 방법은 전임자로부터 인맥과 정보를 넘겨받는 것이지만, 그것이 말처럼 쉬운 일은 아닙니다. 대부분 외교관과 협상가가 자신이 노력해서 얻은 인맥과 정보를 다른 사람과 공유하는 것을 꺼리기 때문입니다.

베네치아 공화국에서는 오래전부터 그와 관련된 규율을 만들어서 매우 유용하게 활용하고 있습니다. 생각건대, 그 방법을 적극적으로 활용하는 것도 좋을 것입니다.

베네치아는 외국에 파견했던 외교관이 자국에 돌아오는 즉시 그 나라에 관한 공적 정보는 물론 후임자에게 전할 지침까지 매우 상세하게 보고서를 작성해서 제출하도록 의무화하고 있습니다. 그 덕분에 베네치아 외교관들은 접수국에 부임하기도 전에 그 나라에 관한 고급정보를 다수 얻을 수 있습니다. 그래서인지 언제부터인가 다음과 같은 말이 유럽에서 유행하고 있습니다.

"유럽 어느 나라에도 베네치아 외교관보다 뛰어난 협상가는 없다."

상대국
문화와 관습 존중하기

외교 협상은 상대와 상대국을 존중하는 일에서부터 시작됩니다. 우리에게 좋은 것이 그와 그 나라에도 반드시 좋은 것은 아니기 때문입니다. 그런 점에서 문화의 상대성을 인정하는 것이야말로 본격적인 협상의 출발이라고 할 수 있습니다.

협상가는 상대국의 문화와 관습을 존중해야 합니다. 그것을 혐오하거나 비판해서는 절대 안 됩니다. 사실 협상가 역시 그것을 즉시 익히고 적응하는 편이 훨씬 좋습니다. 그래야만 생활하기가 한결 편하기 때문입니다.

모든 나라의 제도와 법률, 문화는 장단점을 고루 갖추고 있습니다. 따라서 협상가는 상대국의 제도와 법률, 문화의 좋은 점을 칭찬할지언정 홍보거나 비판해서는 절대 안 됩니다. 그 순간, 모든 외교 관계가 단절되는 것은 물론 협상에도 좋지 않은 영향을 미칠 수 있기 때문입니다. 무엇보다도 자신이 아무리 뭐라고 한들 그것을 절대 바꿀 수 없습니다.

협상가가 상대국 역사에 관해서 잘 알아야 한다는 사실은 앞서 말씀드린 바 있습니다. 중요한 것은 그것을 그 나라 사람들에게 적극적으로 알려야 한다는 것입니다. 자신이 그 나라에 관해서 얼마나 많이 알고 있으며, 그 나라를 얼마나 좋아하는지 입증할 필요가 있기 때문입니다. 예컨대, 현재 상대국에서 일어나는 일을 다른 나라 협상가가 역사적 관점에서 재해석한다고 생각해보십시오. 많은 사람이 그에게 관심을 두는 것은 물론 그 나라 군주와 관료, 국민 역시 눈여겨볼 것이 틀림없습니다. 그러다 보면 적지 않은 이익을 얻는 것은 물론 자신의 평판 역시 저절로 높아지게 됩니다.

상대편의 핵심 인물을 내 편으로 만들기

협상가가 상대국 군주의 마음을 사로잡는 가장 확실한 방법은 무엇일까요?

그것은 바로 군주에게 영향력을 행사하는 중요한 인물을 내 편으로 끌어들이는 것입니다. 그렇게 해서 상대국의 중요한 정보를 얻는 것은 물론 자신이 그 나라를 얼마나 중요하게 생각하는지 군주가 알게 해야 합니다. 그런데 거기에는 약간의 문제가 있습니다. 의외로 많은 돈이 들 수 있다는 것입니다. 하지만 그렇다고 해서 그것을 망설일 이유는 전혀 없습니다. 자신은 물론 자국에도 큰 도움이 되기 때문입니다.

비용은 정확한 계획에 기초해서 신중하게 지출해야 합니다. 아울러 그 나라의 법을 위반하지는 않는지도 철저히 헤아려봐야 합니다. 나라마다 선물에 대한 인식이 다른 경우가 많아서, 어떤 나라에서는 선물이 뇌물이 될 수도 있기 때문입니다. 또한, 어떤 나라는 큰 선물보다 작은 선물에 훨씬 감동합니다. 선물을 주는 사람의 진심이 느껴지기 때문입니다.

외국 정부에는 집안 대대로 이어져 내려오는 권력가뿐만 아니라 수완 좋은 사람도 다수 있습니다. 그런 사람일수록 대가를 바라면서 건네는 선물을 굳이 거절하지 않습니다. 순전히 자신의 능력만으로 그 자리까지 올라왔기에 눈치를 살필 이유가 전혀 없기 때문입니다. 그런 사람들 가운데 군주와 접촉이 잦은 이들을 자기편으로 만들어야 합니다. 예컨대, 군주 자문관은 궁정 출입이 자유로울 뿐만 아니라 군주와의 친분 역시 매우 두 텁습니다. 따라서 중요한 비밀은 물론 군주의 마음을 사로잡는 데도 큰 도움이 됩니다.

'믿을 수 있는 사람'이라는 평판 얻기

협상가는 자신이 얻은 정보를 자국에 전해야 할 의무를 갖고 있습니다. 문제는 그중에는 거짓 정보는 물론 불필요한 정보도 적지 않다는 것입니다. 유능한 협상가일수록 그 진위를 가린 후 정확한 정보만을 본국에 전합니다. 하지만 대부분 협상가는 그런 과정 없이 자신이 얻은 정보를 전하기에만 급급할 뿐입니다. 정보에 대한 가치 판단은 물론 어떤 피드백도 없습니다. 정보의 진위를 입증할 책임이 없기 때문입니다. 그러다 보니 잘못된 정보에 속는 경우도 적지 않습니다. 더 큰 문제는 그런 일이 끊임없이 반복된다는 것입니다.

한 나라를 대표하는 협상가라면 적어도 그 정보가 믿을만한 것인지 잘못된 것인지를 구분할 줄 알아야 합니다. 진위가 확인되지 않은 정보를 무분별하게 전하는 일은 굳이 협상가가 아니라도 누구나 할 수 있는 일이기 때문입니다.

어떻게 하면 잘못된 정보에 속지 않고 올바른 정보만 취할 수 있을까요?

무엇보다도 접수국 군주와 관료, 동료 협상가들로부터 신뢰를 얻어야 합니다. 협상가가 정보를 얻고, 활동하는 데 있어서 그것만큼 중요한 일은 없습니다. 그런 점에서 평판이 좋지 않은 협상가는 자국의 이익을 제대로 대변할 수 없습니다. 신뢰를 잃은 협상가는 정보 역시 신뢰할 수 없는 것만 얻기 때문입니다. 그렇게 되면 협상가의 임무 수행이 불가능한 것은 물론 자국의 협상 및 외교 정책 수립에도 전혀 도움이 될 수 없습니다.

유용한 협상 채널 확보하기

외국에 파견된 협상가는 부임 후 즉시 접수국 군주에게 신임장을 전달하고 자신의 임무에 대해서 알려야 합니다. 그 후 그 나라 유력인사와 외교 담당자, 외교단(Diplomatic Corps)의 동료 협상가들과 만나서 중요한 정보를 얻을 수 있는 협상 채널을 확보해야 합니다.

단, 이때 주의할 점이 있습니다. 어떤 일이 있어도 절대 서둘러서는 안 된다는 것입니다. 무엇이 자국에 더 유리한지 차분하게 상황을 살피면서 효율적인 대책과 방법을 찾아야 합니다. 예컨대, 군주가 사실상 지배하는 나라에 파견되었다면 군주의 생각과 말, 성향, 취향 등을 철저히 연구할 필요가 있습니다. 왜냐하면, 그 나라의 정책은 대부분 군주의 성향과 판단에서 비롯되기 때문입니다. 또한, 자신보다 더 오래 그 나라에 거주한 다른 나라 협상가들의 생각도 적극적으로 들어봐야 합니다. 즉, 같은 일을 하는 사람들과 생각을 교류하며 정보에 대한 실수와 오류를 바로잡는 것입니다. 그런 과정을 거쳐야만 실수하지 않고 원활하게 업무를 수행할 수 있습니다.

외교단
동료 협상가들과의 교류

외국 정부에 파견된 외교 협상가는 외교단의 동료 협상가들에게 자신의 부임을 반드시 알려야 합니다. 그것을 알리기 전까지는 그들과의 정보 교환은 물론 직접 만날 수 없기 때문입니다. 특히 새로 부임하는 협상가는 여러 나라 대사 중에서도 가장 먼저 프랑스 대사에게 존경을 표해야 합니다. 프랑스 대사야말로 어느 나라에서나 가장 높은 서열을 차지하기 때문입니다. 교묘한 잔꾀와 꼼수를 일삼으며 그 사실을 인정하지 않던 에스파냐 역시 결국은 그것을 공식적으로 인정한 바 있습니다.

에스트라드 백작(Comte d' Estrades)[1]과 장 샤를 드 왓빌 남작(Jean Charles de Watteville)[2]이 런던에서 격렬한 논쟁을 벌인 끝에 1662년 펠리페 4세(Felipe IV)[3]가 파리 주재 에스파냐 대사인 푸엔테 후작(Luis de la Puente)을 통해 그것을 공식적으로 발표했습니다.

그때부터 에스파냐 대사는 프랑스 대사가 참석하는 모든 공식 석상에 참석하지 않았습니다. 그러면서 뒤에서는 프랑스 대사의 권위를 깎아내리기 위해 온갖 술수를 동원했습니다. 하지만 어떤 방법도 성공하지 못했습니다.

---

[1] 프랑스의 장군. 루이 14세 시대 가장 유능한 외교관 중 한 사람이었다.

[2] 에스파냐의 외교관

[3] 에스파냐 합스부르크 왕조의 국왕. 그의 재위 시절에 포르투갈이 연합에서 이탈했다.

협상가를 일컬어 흔히 '연설가'라고 합니다. 과거에는 협상가들이 주로 연설을 통해 자기주장을 펼쳤기 때문입니다. 하지만 자세히 살펴보면 협상가의 연설은 의회나 법정에서 하는 그것과는 매우 다릅니다. 말보다는 그것이 지닌 의미를 훨씬 중요하게 여기며, 최대한 간결하고 이해하기 쉽게 말해야 하기 때문입니다. 과연, 어떻게 하면 그렇게 할 수 있을까요?

상대가 듣고 싶어라 하는 얘기를 하는 것이 중요합니다. 그렇게 해서 그들의 마음을 사로잡아야 합니다. 진정한 연설이란 바로 그런 게 아닐까 싶습니다.

협상가의 연설은 따뜻하고 겸손해야 합니다. 군주나 정치가를 상대로 하건, 국민을 상대로 하건 마찬가지입니다. 절대 말끝을 높여서는 안 됩니다. 높낮이를 적절히 유지하면서 간결하고 품위 있는 용어를 사용해서 상대를 존중하는 마음을 드러내야 합니다. 장황하고 과장된 표현은 삼가야 합니다. 그것은 겉치레를 중요하게 생각하는 이들의 잘못된 습관에 지나지 않습니다. 단, 상원이나 의회에서 말할 때는 개인의 지지를 얻는 법과 집단의 지지를 얻는 법이 서로 다르다는 점에 유의할 필요가 있습니다. 실례로, 의회를 상대로 하는 연설에서는 어느 정도 화려한 말을 사용하는 것이 허용됩니다. 따라서 화제에 부합하는 역사적 예시와 유머, 지식 등을 적절히 활용할 필요가 있습니다. 하지만 그렇다고 해도 너그럽게 받아들일 수 있는 범위를 절대 넘어서는 안 됩니다.

사모스섬(Samos)[1]에서 온 대사들의 연설을 듣고 나서 스파르타 사람들이 한 말이 그에 대한 좋은 본보기가 될 것입니다.

"우리는 당신이 한 말의 처음은 잊었고, 중간은 잘 듣지 못했소. 오로지 끝나는 것만이 우리에게 즐거움을 주었을 뿐이오."

'협박'은 협상의 적

협박은 상대를 더는 어떤 선택도 할 수 없는 극단적인 상황으로 몰아붙입니다. 그렇게 되면 상대는 자존심에 깊은 상처를 입

---

[1] 그리스 동부 에게해에서 아시아 서단부에 가장 가까이 있는 섬. 그리스 독립전쟁 시 자유를 얻었지만, 1832년 다시 오스만 튀르크인이 지명하는 그리스계 공작의 통치를 받았다.

을 뿐만 아니라 더는 그를 신뢰하지 않게 됩니다. 중요한 것은 그다음입니다. 자존심에 크게 상처 입은 상대가 전혀 생각지도 못한 선택을 할 수도 있기 때문입니다. 그런 점에서 볼 때 협박은 '협상의 적'이라고 할 수 있습니다.

자기 마음대로 상대를 움직이려는 협상가 역시 간혹 있습니다. 그때는 그것이 잘못된 것임을 즉시 바로잡아줘야 합니다. 그런데도 자신의 실수와 잘못을 인정하지 않는다면 그를 협상에서 제외하는 것이 좋습니다. 그렇지 않으면 더는 협상을 진행할 수 없습니다.

거짓말은 더 큰 손해를 낳는다

협상이 아무리 나라와 나라 사이의 일이라고는 하지만, 결국 그것을 이루어 나가는 주체는 사람입니다. 사람과 사람, 즉 나라를 대표하는 협상가가 서로 만나서 협상이라는 일을 수행합니다. 따라서 협상에서도 인간관계는 매우 중요합니다.

협상가는 신뢰와 존중을 기초로 한 인간관계를 맺어야 합니다. 지키지 못할 약속에서 출발한 관계는 절대 오래갈 수 없습니다. 따라서 무슨 일이 있어도 상대를 속이는 일은 절대 있어서는 안 됩니다. 협상 전략상 그것이 불가피하더라도 최소한으로 제한해야 합니다. 단, 그때도 악의적인 마음은 절대 품어서는 안 됩니다. 그 결과는 가장 먼저 자신에게 되돌아오기 때문입니다.

사실 협상가가 거짓말을 한다는 것은 협상가 자신은 물론 그를 협상 담당자로 발탁한 군주로서도 매우 부끄러운 일입니다. 협상가와 군주 개인의 손해를 넘어 나라의 국격과 신뢰를 크게 떨어뜨리는 일이기 때문입니다. 생각해보십시오. 거짓말을 일삼는 협상가와 그 나라를 과연 어떤 상대가 신뢰하겠습니까? 누구도 상대해주지 않는 국제적인 외톨이로 전락하고 말 것입니다.

거짓말은 도움은커녕 큰 손해만 끼치기 마련입니다. 혹시 작은 성공을 거둘 수 있을지는 모릅니다. 하지만 거짓말이 계속되는 한 언젠가는 진실이 드러나기 마련이기에 큰 성공은 절대 이룰 수 없습니다.

　자신이 협상가로서 적합한 능력과 자질을 지녔다고 생각하는 사람들은 가장 먼저 유럽 각국이 처한 상황과 다양한 이해관계, 각국의 정치 형태 및 각국을 다스리는 군주와 관료들에 관해서 철저히 연구해야 합니다. 권력의 특징 및 재정과 군사현황, 영토에 관해서도 자세히 알아야 합니다. 영토 주권의 한계와 정부의 탄생 배경 역시 알 필요가 있습니다.

　협상가는 조약의 의무에서 비롯된 권리와 무력을 바탕으로 주장하는 권리를 명확히 구분할 줄 알아야 합니다. 그러자면 각국 사이에 맺어진 모든 조약에 대해서도 자세히 알 필요가 있습니다. 특히 프랑스와 오스트리아 왕가 사이에 체결한 조약은 기독교권 나라의 모든 공적 문제를 해결하는 핵심인 만큼 매우 중요합니다. 유럽 각국은 두 나라와 여러 가지 연고 관계로 복잡하게 얽혀 있기 때문입니다.

　두 나라의 분쟁은 루이 11세(Louis XI)와 부르고뉴 마지막 공작이자 오스트리아 왕가의 후손인 샤를 1세(Charles I) 사이의 관계 및 그들이 맺은 조약에 기초하고 있습니다. 따라서 협상가는 그 당시는 물론 그 후에 맺어진 조약에 관해서도 잘 알아야 합니다. 예컨대, 유럽의 30년 전쟁을 종결시킨 베스트팔렌 조약(Peace of Westfalen)[5]을 시작으로 지금까지 유럽 각국 사이에 체결된 모든 조약이 중요합니다.

유럽 현대사 역시 꿰뚫고 있어야 합니다. 그런 점에서 위인들의 회고록과 뛰어난 협상가들이 주고받은 편지는 충분히 읽을 만한 가치가 있습니다. 많은 교훈을 줄 뿐만 아니라 역사적 사실과 당시 분위기를 알 수 있는 것은 물론 비슷한 상황에 부딪힐 때 좋은 길잡이가 되기 때문입니다.

통찰력의 보고, 아르노도 사트 추기경의 편지

제가 아는 가장 뛰어난 외교 협상에 관한 문서는 아르노도 사트 추기경(Cardinal Arnaud d' Ossat)[6]의 편지입니다. 호라티우스

---

[5] 국제법 원칙에 따라 맺어진 최초의 근대적 국제 조약. 이후 유럽 각국은 수많은 국제 조약을 맺으며 빠르게 근대 국가로 성장했다.

[6] 프랑스 외교관이자 추기경으로 앙리 4세 통치 기간에 프랑스의 외교를 이끌었다.

(Quintus Horatius Flaccus)[7]가 시인들에게 호메로스(Homeros)[8]의 작품을 반드시 읽으라고 했듯이, 저는 협상가가 되려는 이들에게 아르노도 추기경의 편지를 반드시 읽어볼 것을 권합니다. 비록 문체가 예스럽기는 하지만, 추기경의 글은 매우 간결하면서도 대화의 힘과 기술을 제대로 보여줍니다. 그러다 보니 협상의 기술을 익히고, 좋은 외교 문서를 감상하고 깊이 새기는 데 있어 그보다 적합한 문서는 없습니다.

추기경은 앙리 3세(Henry III)[9]의 미망인인 루이즈 드 보데몽(Louise de Lorraine Vaudemont) 왕비의 대리인이라는 것 외에는 그 누구의 도움도 없이 오로지 자신의 능력만으로 그 이전까지 수많은 협상가가 실패했던 앙리 대왕(Henry IV)과 교황청의 화해[10]라는 큰 일을 성사시켰습니다. 그 과정에서 로마 궁정의 수많은 함정은 물론 당시 권력 절정기에 있던 오스트리아 왕

---

7) 로마의 뛰어난 서정 시인이자 풍자작가

8) 유럽 문학의 효시인 《일리아드》와 《오디세이아》의 작가. 하지만 실존 여부가 확실치 않다.

9) 발루아 왕가 최후의 왕. 지나치게 사치를 일삼아 왕국을 파탄 직전으로 몰고 갔다.

10) 1593년 앙리 4세가 가톨릭으로 개종하면서 교황청과 화해한 일

가의 무수한 방해 공작을 겪기도 했지만, 필요에 따라 단호하게 밀고 나가기도 하고, 또 때로는 부드럽게 대응하는 뛰어난 협상 능력을 보이면서 그것을 모두 이겨냈습니다.

단언컨대, 추기경의 편지를 읽다 보면 그 어느 것도 추기경의 통찰에서 벗어날 수 없다는 사실에 매우 놀랄 것입니다.

협상에 관한
최고 명문들

30년 전쟁을 마무리하기 위해 1645년 독일 뮌스터에서 열렸던 두 차례 회담에 대한 공문 및 마자랭 추기경의 회고록에서도 협상에 관한 훌륭한 교훈을 얻을 수 있습니다. 특히 추기경의 회고록은 외교 협상에 관한 한 최고의 명문으로 전혀 손색 없습니다. 놀라운 점은 유럽 각국의 다양한 이해관계를 조정하기 위해 수많은 방법을 제안하면서 프랑스어뿐만 아니라 유럽 각국의 언어를 함께 사용하는 뛰어난 능력과 통찰력을 보여줬다는 것입니다.

추기경이 에스파냐 돈 루이 드 알로(Don Luis de aloe) 총리대신과 협상한 결과를 선왕 폐하에게 보고한 문서인 피레네 조약

(Treaty of the Pyrenees)[11]에 대한 공문 역시 외교 문서의 모범으로 꼽힙니다. 문서는 추기경이 협상 상대인 돈 루이 총리대신을 어떻게 제압하는지 자세히 보여주며, 뛰어난 협상가란 어떤 자질과 능력을 지녀야 하는지에 대해서 다시 한번 생각하게 합니다.

왕립도서관에 보관된 문헌 중에도 살펴볼 만한 가치가 있는 것이 적지 않습니다. 예컨대, 악스(Acs) 주교 드노아유(De Noaille)의 책과 발랑스(Valence) 주교 몽뤽(Jean de Monluc)의 책은 사람 마음을 움직이는 진정한 설득이란 과연 무엇인지 보여줍니다. 앙리 4세의 자문관을 지낸 자닌(Janine Garrison)의 편지 역시 마찬가지입니다. 그는 12년 동안 휴전하는 데 크게 이바지하며 신생 네덜란드 연방공화국을 흔들림 없고 단단하게 했을 뿐만 아니라 수많은 일에 자문 역시 아끼지 않았습니다. 그 때문에 그의 편지를 읽다 보면 다양한 지적 관심을 지닌 사람의 수준 높은 판단력을 배울 수 있습니다.

---

[11] 1659년에 프랑스의 루이 14세와 에스파냐의 펠리페 4세가 맺은 평화 조약. 이를 통해 1648년부터 1659년까지 치열하게 펼쳐졌던 두 나라의 전쟁이 끝나고, 프랑스가 유럽의 패권을 장악하게 되었다.

간결하고 명확한
외교 공문 작성법

외교관과 협상가가 자국에 보내는 보고서를 '외교 공문'이라고 합니다. 거기에는 여러 경로를 통해 얻은 정보와 그에 대한 자기 생각과 가치 판단이 담깁니다.

뛰어난 외교관과 협상가일수록 외교 공문에 겉으로 드러나지 않는 그 나라의 본모습을 담습니다. 그 나라에 부임할 때 영접을 어떻게 받았으며, 군주와 무슨 이야기를 나누었고, 현재 그 나라에서 어떤 일이 일어나고 있으며, 그 배경은 무엇인지, 국민이 군주를 좋아하는지, 현 상황에 대한 국민 여론은 어떤지 등을 자세히 관찰해서 기록합니다.

외교 공문은 사실에 기초해야 합니다. 그에 따라 자국의 외교 정책이 만들어지고 진행되기 때문입니다. 또한, 간결하고 명확해야 합니다. 불필요한 말을 쓸데없이 길게 쓰거나 무의미한 말을 반복해서는 안 됩니다. 자신의 지적 수준을 자랑하기 위해 학술 논문처럼 어렵고 장황하게 쓰는 외교관과 협상가가 간혹 있는데, 그것은 겉만 화려할 뿐 실속이라곤 전혀 없습니다. 무엇보다도 읽기가 번거로울 뿐만 아니라 핵심을 파악하기도 어렵습니다.

제가 아는 어느 노련한 외교관은 그와 관련해서 이렇게 말한 바 있습니다.

"간결하고 명확한 공문은 햇살이 구석구석까지 골고루 비치는 궁전과도 같다."

외교 공문 작성 시
고려할 점

외교 공문은 잘 그린 그림과도 같아야 합니다. 즉, 그것만 보고도 현재 그 나라에서 일어나는 모든 상황을 알 수 있어야 합니다.

사람에 관한 묘사 역시 마찬가지입니다. 그 나라 군주와 고위 관료, 외교관이 무엇을 하는지 그림 그리듯이 자세히 기록해야 합니다. 단, 이때 주의할 점이 있습니다. 사실만 기록해서는 안 된다는 것입니다. 그와 관련된 동기와 뒷이야기 등의 정황 정보 역시 함께 써야 합니다. 그렇지 않으면 단순한 사실 나열에 불과하기 때문입니다. 그것은 '알맹이 없는 수다'와도 같습니다.

외교관과 협상가는 자신이 자국과 접수국을 잇는 중요한 연결고리임을 한순간도 잊어서는 안 됩니다. 또한, 자신의 보고서가 자국과 접수국 관계에 얼마나 큰 영향을 미칠지, 자기가 맡은 역할이 얼마나 중요한지도 명심해야 합니다.

비서나 수행원에게도 그 점을 반드시 상기시켜야 합니다. 그들 역시 외교관과 협상가의 눈과 귀 역할을 하면서 날마다 자신이 경험한 사실을 기록하기 때문입니다. 따라서 자신의 기록을 그들이 쓴 것과 비교함으로써 신뢰할 수 있는 정보와 그렇지 않은 정보를 구분해야 합니다.

자국에 보고할 필요가 있는 중요한 안건은 시간이 날 때마다 틈틈이 기록하는 것이 좋습니다. 그러자면 일을 끝내자마자 즉시 책상 앞에 앉는 습관을 들여야 합니다. 마치 일기를 쓰듯 그날 있었던 이야기를 쓰는 것입니다. 이는 외교 활동에 있어서 매우 중요한 일로 공문 작성은 물론 훗날 잘못된 기억을 바로잡는 데도 큰 도움이 됩니다.

효율적인
문서 보관법

잘 짜인 기록은 어떤 자료보다도 유용합니다. 그런 점에서 외교 공문은 핵심 요점별로 나눈 후 다시 시간순으로 분류해서 보관하는 것이 좋습니다. 다른 사람이나 다른 곳에서 받은 공문 역시 마찬가지입니다. 예컨대, 로마 궁정처럼 서신을 공문과 관련된 핵심 주제에 따라 각각 별도의 묶음으로 만들어 보관하는 것 역시 좋은 방법입니다.

　서로 다른 명령을 동시에 전달받았을 때 그런 방법을 사용하면 더욱더 좋습니다. 그것을 다른 사람에게 알려야 할 때도 있기 때문입니다. 또한, 그렇게 하면 다른 주제에 관해서 전달받은 명령과 혼동하지 않는 것은 물론 그 문제에 관해서만 즉시 보고할 수 있기에 시간과 거기에 드는 노력 역시 아낄 수 있습니다.

PARIS TOP NEGOTIATOR

FRANCOIS DE CALLIERE

THE BEST NEGOTIATION MANUAL

5장

어떻게 하면
뛰어난 협상가를 가질 수 있을까

PARIS TOP NEGOTIATOR

CALLIERE

파리 최고의 협상가 켈리에

협상 성공의 첫걸음,
적임자 발탁

협상에 앞서 적임자를 뽑는 일보다 더 신중을 기울여야 하고 중요한 일은 없습니다. 특히 협상가는 자국의 통제권에서 벗어나서 일하기에 책임감 있고 신뢰할 수 있는 사람이 필요합니다. 그런 점에서 유능한 사람이 필요한 업무에 무능한 사람이 필요 이상 오래 머무는 것은 공공의 이익을 크게 해치는 일이라고 할 수 있습니다. 그런 사람은 과감하게 인사이동하고, 능력 있는 사람을 그 자리에 발탁해야 합니다.

문제는 자기 사람을 그 자리에 앉히려는 권력가들의 끊임없는 압력입니다. 어떤 인사 책임자도 거기서 자유롭지 못합니다. 심지어 협박을 받는 때도 적지 않습니다. 하지만 절대 굴복해서는 안 됩니다. 혈연과 학연, 지연에 얽매인 인사의 결과는 굳이 보지 않아도 뻔하기 때문입니다.

외무부 장관은 모든 외교관과 협상가의 신원보증인이라고 할 수 있습니다. 그 때문에 그들이 성공하면 적잖은 명예를 얻고 보람을 느끼지만, 그들이 실패하면 응당한 책임을 져야 합니다. 문제는 그렇게 되면 그가 입은 상처를 치유하는 데 있어 적지 않은 시간과 노력이 필요하다는 것입니다. 따라서 외교 협상의 적임자를 발탁하는 것이야말로 성공하는 외교 협상의 첫걸음이라고 할 수 있습니다.

잘못된 인선의 피해는
국민에게 고스란히 미친다

공직자 중에는 자신의 능력과 비교해서 지나치게 높은 자리에 오른 이들이 적지 않습니다. 특히 정치 쪽에 그런 사람이 많습니다. 그 이유는 정치인에게는 수많은 추종자가 있는데, 그들 중에는 오랫동안 물질적으로나 정신적으로 큰 은혜를 입은 사람도 있기 때문입니다. 그러다 보니 성공하게 되면 그들을 챙기지 않을 수 없습니다.

실제로 외국에 파견할 외교관이나 협상가를 발탁할 때 권력가와의 오랜 인연을 자랑하며 은근히 자리를 요구하는 이들도 적지 않습니다. 문제는 그렇게 해서 발탁한 이들은 대부분 정치에만 관심 있을 뿐 외교나 협상에는 전혀 관심이 없다는 것입니다. 그러니 업무가 원활히 이루어질 리 없습니다. 누가 보더라도 공익을 해치는 일임이 분명합니다.

그렇다면 그 책임은 과연 누가 져야 할까요? 당연히 그를 발탁한 사람이 모든 책임을 져야 합니다.

모름지기 공직자라면 나라와 공익을 가장 먼저 고려해야 합니다. 그러자면 인연에 연연해서 능력과 자질이 떨어지는 사람을 뽑는 일은 반드시 삼가야 합니다. 또한, 특정인을 발탁해달라는 압력 역시 과감하게 거절해야 합니다. 오랜 인연과 은혜는 고마움을 표하는 데서 끝내야 합니다. 그런데도 어쩔 수 없이 자리를 내줘야 한다면 전문적인 능력이 필요한 곳이 아닌 누가 맡아도 무난한 자리가 좋습니다. 물론 당사자 처지에서는 서운하겠지만, 그것이 나라와 국민을 위해서도 좋습니다. 그렇지 않고 협상과 같이 전문적인 능력이 필요한 곳에 비전문가를 발탁했다가는 그에 따른 피해 역시 고스란히 국민이 져야 합니다.

다양한 능력과 자질을 지닌 이들을 군주 주변에 많이 배치해야 합니다. 그래야만 인재가 없다는 이유로 부적절한 사람을 발탁하지 않기 때문입니다. 또한, 협상가를 발탁할 때는 파견할 나라의 정치 형태와 종교에 어울리는지도 주의 깊게 살펴야 합니다. 이와 관련해서 한때 파리에서 유행했던 말이 있습니다.

"프랑스 국왕이 주교를 콘스탄티노플에 파견하고, 로마에는 이교도를 보냈는데, 주교는 튀르크족(Turks, 오스만튀르크)을 개종시킨 반면, 이교도는 교황에게 개종 당했다."

협상가 선발과 교육은 국가가 책임져야 한다

외교관과 협상가는 비서와 수행원을 뽑는 일에도 꼼꼼하고 빈틈이 없어야 합니다. 비서와 수행원이 능력이 떨어지거나, 신중하지 않으면 돌이킬 수 없는 피해를 볼 수도 있기 때문입니다. 도박을 즐기거나 사생활에 문제가 있어서도 안 됩니다. 다른 사람들에게 돈을 자주 빌리는 사람의 경우 심각한 문제를 일으킬 수도 있기 때문입니다.

실제로 몇 년 전, 고위 외교관의 비서가 대사관 비밀 암호를 특정 국가에 팔아넘겨 중요한 외교 공문이 상당수 유출된 적이 있습니다.

그 일을 계기로 한동안 외교가에서는 믿음직스럽고, 유능한 사람을 비서로 발탁해야 한다는 주장이 대세를 이루었습니다. 아예 그런 사람을 공직자로 발탁해야 한다는 의견 역시 큰 지지를 얻기도 했습니다. 그 결과, 한때 프랑스에서 사라졌던 제도가 부활하기도 했습니다. 비서와 수행원을 정부가 선발하고 급여를 지급하는 제도가 바로 그것입니다.

주목할 점은 그와 비슷한 제도를 이미 몇몇 나라가 시행하고 있다는 것입니다. 많은 사람에게 외교와 협상에 관한 교육과 훈련을 시킬 수 있을 뿐만 아니라 그들 중에서 능력과 자질이 있는 사람을 외교관과 협상가로 발탁할 수도 있기 때문입니다. 나라에 대한 충성심을 높이고, 개인의 능력을 발전시키며, 비밀을 유지하는 데도 효과적입니다.

사람을 선발하는 일을 기존의 외교관과 협상가에만 의존하지 않는 장점도 있습니다. 그 결과, 인선의 책임을 외교관과 협상가가 직접 지지 않아도 될 뿐만 아니라 비서들의 급여를 직접 지급하는 부담에서도 벗어나 한결 편안하게 업무에 전념할 수 있습니다. 아닌 게 아니라 많은 외교관과 협상가가 인력을 유지하기 위한 자금을 확보하는 데 큰 어려움을 겪다 보니, 업무에 집중하지 못하는 경향이 있습니다.

나라에서 외교관과 협상가 지망생들에게 적절한 급여를 주고 그들을 교육하는 일은 뛰어난 인재를 확보하기 위해서도 꼭 필요합니다. 능력과 자질이 뛰어난 젊은 인재들이 외교와 협상이라는 일을 통해 자기 능력을 유감없이 발휘해서 국가 발전에 크게 이바지할 것이기 때문입니다.

협상 전문가와
교육기관의 필요성

우리 프랑스인들은 예로부터 전쟁을 통해 많은 것을 얻었습니다. 그 성향은 지금도 여전합니다. 해가 갈수록 군인의 수가 급격히 늘고 있는 것이 그 방증입니다. 또한, 이름난 가문의 젊은이들 역시 대부분 군인이 되는 것을 목표로 삼고 있습니다. 그들은 전쟁에서 이겨 이름을 널리 알리려는 욕심에 사로잡혀 있을 뿐, 수많은 나라를 분열시키는 다양한 이해관계 및 그 원인을 비교, 분석해서 나라의 이익을 끌어내는 일에는 전혀 관심이 없습니다.

말씀드렸다시피, 한 나라의 외교와 협상은 매우 중요합니다. 생각건대, 그 중요성은 해가 갈수록 더할 것입니다. 하지만 지금 우리 프랑스에는 그 중요성을 아는 사람이 거의 없다고 해도 과언이 아닙니다. 그러니 젊은이들이 전쟁에만 매달린다고 한들 뭐라고 할 일은 아닙니다.

그렇게 된 이유는 과연 무엇일까요?

협상에 관해 제대로 교육하는 전문가와 교육기관이 없기 때문입니다. 그러다 보니 뛰어난 협상가가 될 만한 능력과 자질을 가진 사람들 역시 그것을 계발하지 못한 채 평범한 사람이 되고 맙니다.

사실 그것은 비단 우리만의 문제는 아닙니다. 유럽 대부분 나라가 마찬가지입니다. 그런 점에서 인재 선발에 있어서만큼은 적어도 군대를 본받을 만합니다. 전쟁에서 세운 공로와 능력에 따라 아주 공정하게 적재적소에 사람을 배치하기 때문입니다.

협상 전문가와 교육기관의 부재는 머잖아 수많은 나라를 큰 위기에 빠뜨릴 것입니다. 그런데도 여전히 많은 나라가 한 번도 외국에 나가본 적 없는 사람, 공직 경험이라고는 전혀 없는 사람, 협상 능력과 역량이라고는 없는 사람에게 나라의 중요한 공적 업무를 맡겨 외국에 파견하고 있습니다. 심지어 그들 중에는 자신이 부임하는 나라의 법과 관습은 물론 언어 및 지리적 위치조차 모르는 사람도 꽤 있습니다. 과연, 그들이 자국을 제대로 대변하고, 국민이 만족할 만한 외교와 협상을 할 수 있을까요?

단언컨대, 절대 그럴 수 없습니다. 협상가는 다양한 전략과 지식, 통찰력, 순발력이 필요하기 때문입니다. 상대에 대한 이해와 배려, 끈기, 올바른 분별력 역시 필수입니다. 그런데 그들은 그런 능력과 자질은 물론 열정조차 갖고 있지 않습니다.

그들에게 협상은 어렵고 복잡한 대화에 불과합니다. 그러니 이성과 논리로써 상대를 대하기보다는 협박과 강요로써 적당히 맞서서 어림으로 적당히 끝내고 말 것입니다.

젊고 유능한 인재 확보하기

과거에는 외교관이나 협상가라는 직업이 그리 존경받지 못했습니다. 다른 분야에서 더 높은 급여를 받을 수 있었을 뿐만 아니라 더 높은 지위와 명예를 누릴 수 있었기 때문입니다. 하지만 그것이 젊고 유능한 인재들이 외교관이나 협상가라는 직업을 포기하게 한 근본적인 이유는 아닙니다.

외교를 일컬어 '유배'라고 하는 이들이 간혹 있습니다. 오랫

동안 가족과 집, 고국을 떠나서 생활해야 하기 때문입니다. 만일 이 말이 사실이라면 국가는 그것이 명예로운 유배가 될 수 있도록 해야 할 의무가 있습니다. 어떻게 하면 외교관과 협상가가 가족과 떨어져서 지내는 외로움을 국가에 대한 충성과 자기 직업에 대한 자긍심으로 여기게 할 수 있을까요?

공정하고
투명한 인사 제도 확립

젊고 유능한 인재를 확보하려면 인사 제도를 전면적으로 개혁해서 다양한 사람을 선발해야 합니다. 즉, 교양 있고 품위 있는 사람뿐만 아니라 열정 가득하고 야심 넘치는 이들 역시 적절히 배치해야 합니다. 그들이야말로 일을 통해서 자기를 한 단계 더 발전시키려는 열정과 꿈으로 가득 차 있기 때문입니다. 또한, 그들은 외교를 유배라고 생각하지 않을 뿐만 아니라 어떤 도전도 과감하게 받아들입니다.

누가 봐도 수긍하는 공정하고 투명한 인사 제도가 마련되어야 합니다. 좋은 가문과 인연에 연연해서 능력과 자질 없는 사람을 발탁하는 것은 능력 있는 인재를 공직에서 멀어지게 하는 가장 근본적인 이유입니다.

능력과 자질을
고려한 인선

공정하고 투명한 인사 제도를 확립했다면 능력과 자질을 고려해서 사람을 적재적소에 배치해야 합니다. 그것이 좋은 인선의 가장 중요한 기준입니다.

외교관을 선발할 때는 그 나라와 그 나라 국민에 관해서 잘 아는 사람을 발탁해야 합니다. 그래야만 쉽게 적응할 수 있고 일하기가 한결 쉽기 때문입니다. 자기 인맥을 활용해서 국익에 도움이 되는 일을 할 수도 있습니다.

협상가 역시 마찬가지입니다. 협상 경험이 많고, 협상 상대에 관해서 누구보다도 잘 아는 사람 중에서 선발해야 합니다. 누구보다도 국왕 폐하와 국민을 위해서 더욱더 그래야만 합니다. 그래야만 국민이 안심하는 것은 물론 폐하를 더욱 신뢰하고 따르기 때문입니다.

무능력한 협상가를 중요한 협상의 책임자로 파견하는 것만큼 나라와 국민의 이익을 해치는 일은 없습니다. 따라서 협상가를 파견할 때는 그가 협상가로 적합한지 그 능력과 자질을 세심하게 따져봐야 합니다.

적절한
보상 체계 마련

나라를 위해 봉사한 이들에게는 그에 알맞은 보상 역시 꼭 필요합니다. 그래야만 적절한 자극이 될뿐더러 더 큰 동기를 유발할 수 있기 때문입니다.

실제로 유럽의 많은 나라에서 협상가가 높은 명성과 지위를 누리고 있습니다. 협상을 성공적으로 이끈 협상가가 높은 지위에 오르고, 이름을 널리 알리는 경우도 많습니다. 협상가에게 있어 그보다 영광스러운 일은 없을 것입니다.

우리 역시 협상가의 공적 지위를 적정 수준으로 끌어올리고, 그에 맞는 보상 체계를 마련해야 합니다. 그래야만 모든 협상가가 정부를 더욱 신뢰하고, 모든 일에 더 책임감 있게 임할 것입니다.

지속적인 교육과
훈련을 통한 능력 계발

협상에 필요한 능력과 자질, 지식을 다 갖춘 사람은 어디에도 없습니다. 더욱이 그 능력과 자질은 타고나는 것이지 만들어지는 것이 절대 아닙니다. 하지만 교육과 훈련을 통해 충분히 계발할 수 있는 부문 또한 분명 있습니다. 특히 협상에 필요한 지식 대부분은 지속적인 교육과 훈련을 통해 얼마든지 얻을 수 있습니다.

만일의 상황에 대비한
예비 인력 확보

전투 경험이 많은 뛰어난 장군일수록 병력이 부족한 상황에서도 예비 병력을 반드시 확보해둡니다. 만일의 상황에 철저히 대비하기 위해서입니다.

협상 역시 마찬가지입니다. 예비 인력의 확보가 매우 중요합니다. 위기의 순간 그들의 존재가 빛을 발할 뿐만 아니라 긴급한 상황에 부딪혔을 때 후임자를 선택하기가 한결 쉽기 때문입니다.

우리 역시 그런 경험이 몇 번 있습니다. 중요한 협상을 앞두고 한 나라의 대사가 갑자기 그만뒀지만, 후임자를 즉시 파견하지 못한 것입니다. 그 결과, 협상 책임자가 당황한 것은 물론 적지 않은 손해를 감수해야만 했습니다. 만일 그때 예비 인력이 있었다면 어땠을까요? 손해를 피하는 것은 물론 당황하지 않고 후임자를 즉시 파견할 수 있었을 것입니다.

FRANCOIS

DE

CALLIERE

6장

협상가의
특권과 책임

PARIS TOP NEGOTIATOR

CALLIERE

파리 최고의 협상가 켈리에

외교관은
'명예로운 스파이'

외교관을 일컬어 흔히 '명예로운 스파이'라고도 합니다. 접수국의 중요한 정보를 알아내서 자국에 알리는 것이 핵심 의무 중 하나이기 때문입니다. 하지만 외교관 개인이 정보를 알아내는 데는 한계가 있습니다. 그 때문에 다수의 정보원을 활용해야 합니다. 첩보원이나 첩보 기관 역시 그중 하나인데, 문제는 역시나 비용입니다.

외교관은 자신의 목적을 위해서라면 주저하지 않고 큰 비용을 지출할 수 있을 만큼 담대해야 합니다. 심지어 자국 군주로부터 받은 비용이 충분치 않을 때는 사재라도 과감하게 털어서 활용할 수 있어야 합니다. 그런 점에서 외교관이 비용 지출에 인색하다면 자신의 의무를 제대로 수행한다고 할 수 없습니다.

물론 현명한 군주라면 자신이 파견한 외교관이 정보원과 비밀 첩보 기관을 확보하는 데 드는 자금을 지급하는 데 절대 소홀하지 않을 것입니다. 시의적절하게 적재적소에 비용을 지출하면 더 큰 이익으로 되돌아올 뿐만 아니라 자국의 계획에 방해되는 사람과 장애물 역시 쉽게 제거할 수 있다는 사실을 잘 알고 있기 때문입니다. 하지만 여기에는 한 가지 유념해야 할 점이 있습니다. 정보원과 첩보 기관 활용, 다른 나라 관료에게 선물을 주는 일 등은 국제법상 허용되지 않는다는 것입니다. 따라서 그런 일은 가능한 한 비밀리에 진행해야 합니다.

공식적인
외교 사절

외국 정부에 파견된 외교관은 그 나라의 법과 관습에 따라 특권을 부여받습니다. 예컨대, 로마 주재 프랑스 대사에게는 일부 왕국 및 베네치아 대사와 동등한 자격이 부여됩니다. 물론 그런 특권을 받지 못하는 외교관도 있습니다.

프랑스 대사가 다른 나라 대사들에게 그런 특권을 부여하기도 합니다. 프랑스 대사는 로마의 모든 행사에서 황제의 대사

다음 자리를 차지합니다. 두 대사는 똑같은 급여를 받으며, 모든 면에서 동등한 자격을 갖습니다. 또한, 프랑스 대사는 유럽 여러 나라에서 일부 군주와 비슷한 지위를 누립니다. 에스파냐 대공, 런던 귀족, 스웨덴과 폴란드 상원의원 및 고관이 프랑스 대사와 같은 등급에 해당합니다.

최고직급의 외교 사절인 대사는 네 가지 등급으로 나눌 수 있습니다.

- 특명 대사
- 정규대사
- 특명전권공사
- 상주 대사

특명 대사(Extraordinary Ambassador)

특명 대사는 최고 등급의 외교 사절로 정규대사보다 높은 명예와 권위를 지닙니다. 예컨대, 외국 정부에서 파견된 특명 대사는 사흘 동안 정해진 숙소에 머물며, 국왕 폐하가 마련한 연회에 참여합니다. 중요한 것은 외교 관계를 맺은 나라에 파견하는 정규대사와 달리, 특명 대사는 국제기구나 외교 관계를 맺지 않은 나라라도 특정 문제를 해결하기 위해서 파견할 수 있다는 것입니다.

정규대사(Ambassador)

정규대사는 특명 대사와 비슷한 수준의 명예와 면책권은 있지만, 숙소와 연회는 제공받지 못합니다. 하지만 그것이 전혀 불가능한 것은 아닙니다. 외교관의 특권과 안전 보장을 규정한 국제법에 따라 숙소와 연회를 얼마든지 받을 수도 있기 때문입니다. 또한, 자국 군주를 대표하는 자격을 지니므로 공개 석상에서 국왕 폐하를 뵐 때 모자를 쓸 수도 있으며, 폐하의 공식 마차에 함께 타거나 자신의 마차로 루브르궁전 내부를 다닐 수 있는 특전도 가집니다. 마차 운전석에 특수한 커튼을 치는 것 역시 허용됩니다. 아울러 폐하를 뵙기 전 대기실에 좌석이 배정되며, 그들의 아내는 왕비 마마 옆자리에 앉을 수 있습니다.

특명전권공사(Envoy Extraordinary and Minister Plenipotentiary)

특명전권공사는 국가 장관의 명예와 권위를 누립니다. 또한, 대사에게 부여하는 대표 권리만 없을 뿐 국제법상 대사와 똑같은 안전 보장과 면책권을 지닙니다. 단, 외국 궁정에 입성하는 데 있어 대사와 똑같은 수준의 영접을 받지는 않습니다. 하지만 외교 의전 담당자의 배려를 받아 국왕 폐하의 마차를 이용할 수 있으며, 모자를 벗고 선 채로 폐하와 이야기할 수도 있습니다.

특명전권공사는 대사급 외교관에게 부여하는 것이 보통이지만, 간혹 공사에게 부여하기도 합니다. 실례로, 국왕 폐하께서 라티스본(Ratisbon)[1] 의회에 거느리고 있는 신하들 역시 대사가 아님에도 특명전권공사 직함을 갖고 있습니다.

상주 대사(Residing Ambassador)

상주 대사 역시 국가 장관의 명예와 권위를 누립니다. 하지만 이전과 비교했을 때 그 격이 훨씬 낮아졌습니다. 그 이유는 대부분 궁정에서 상주 대사와 공사를 구분하기 시작했기 때문입니다. 그에 따라 상주 대사라는 직함을 지닌 대부분 외교관이 특명전권공사라는 직함으로 대체되었습니다. 하지만 로마를 비롯한 여러 궁정에서는 여전히 그 직함을 사용하고 있습니다.

---

[1] 독일 남부 도시인 레겐스부르크의 프랑스식 이름

외교 사절 중에는 군주와 비밀리에 접견하는 이들도 있습니다. 그들은 신임장을 제출하는 순간부터 국가 장관으로 인정받으며, 공식 사절과 똑같은 면책권을 누립니다.

공식적인 외교 사절은 아니지만, 나라 간의 공공업무를 위해 다른 나라 정부에 파견된 이들도 있습니다. 그들은 국제법상 대사와 똑같은 보호를 받고, 면책권을 누립니다. 다만, 군주를 직접 볼 수 없고, 일 역시 관료들과 논의를 거쳐서 진행해야만 합니다.

주목할 점은 폐하의 신하는 그 누구도 외국 군주의 신하나 그 대표자가 될 수 없다는 것입니다. 유일한 예외는 대부분 사람이 프랑스 기사로 생각하는 몰타(Malta)[2] 대사입니다. 그 때문에 몰타 대사에게만큼은 폐하를 뵙는 자리에서 모자를 쓰고 있을 권리가 부여됩니다.

----

[2] 유럽 남부 지중해 한가운데에 있는 군도. 전략적으로 매우 중요한 곳에 있어 북아프리카와 중동, 유럽 사이에서 핵심적인 역할을 했다.

작은 나라의
외교 사절

국가의 최고 통치자인 군주만이 외교 사절에게 대사, 공사, 상주 대사 직함을 부여할 수 있습니다. 그 때문에 작은 나라나 자유국의 외교 사절은 '부사'라고 칭합니다. 그들은 한 나라를 대표하는 신분이 아니기에 여느 시민처럼 해당 국가 사법권의 지배를 받으며, 국제법상 외교관의 면책권 역시 누릴 수 없습니다. 하지만 관습법상 속주(Provincia)[3]나 자유도시 출신의 부사는 파견 기간 중 해당국의 배려에 따라 사실상 안전 보장과 면책권을 부여받기도 합니다. 실례로, 이탈리아와 에스파냐에는 군주국도 아니고 다른 나라의 지배도 받지 않지만, 대사 직급의 부사를 파견하는 도시가 몇몇 있습니다. 볼로냐(Bologna)와 페라라(Ferrara)가 그 대표적인 예입니다. 시칠리아의 메시나(Messina) 역시 마지막 반란이 있기 전까지 에스파냐에 대사를 파견했습니다.

이들 도시나 속주의 대사들은 과거 로마의 지배를 받던 자유

---

[3] 점령국의 행정 단위

속주와 도시의 사절과도 매우 비슷합니다. 당시 그들을 가리켜 레가티(Legati)[4]라고 했는데, 그 직함은 지금도 라틴어로 된 모든 외교 문서에 사용되고 있습니다.

그 외에도 함부르크(Hamburg)나 뤼베크(Lubeck) 같은 도시 역시 일부 나라에 외교 사절을 파견합니다. 하지만 대부분 상품 구매와 판매, 교역 조건 등을 논하기 위한 통상 대표를 파견하는 것에 불과합니다.

교황의 외교 사절

로마 가톨릭교회를 대표하는 교황 역시 자신을 대신해서 교회 행정이나 선교 활동, 외교적인 임무를 수행하도록 고위 성직자를 유럽 각국에 외교 사절로 파견합니다. 이들을 흔히 '교황 특사(Legatus Apostolicus)'라고 합니다.

교황의 외교 사절은 다음 세 가지 등급으로 나뉩니다.

---

[4] 로마 공화정 시대인 BC 2세기와 BC 1세기에 로마의 속주에서 총독 대리 역할을 하던 관리

- 교황특사
- 교황대사
- 교황공사

교황특사(Legato a latere)

교황특사는 추기경으로만 제한하며, 교황은 그에게 교황청의 외교 안건과 면책권, 기타 교황청의 특권에 관한 폭넓은 권한을 부여합니다. 그 때문에 모든 기독교권 정부에서 교황특사는 매우 특별한 대우를 받습니다. 실례로, 프랑스에서 교황특사는 왕족의 호위를 받을 뿐만 아니라 국왕 폐하를 뵐 때도 모자를 쓴 채 좌석에 앉아 있을 수 있습니다. 또한, 교황대사나 일반 대사는 절대 누릴 수 없는 영광을 누립니다. 그것은 바로 국왕 폐하가 주최하는 연회에서 폐하 옆에 앉는 권리입니다. 그때 그들 앞에는 그들의 권한을 상징하는 십자가가 놓이는데, 이는 오직 프랑스에만 있는 전통입니다.

교황대사(Ordinary or Extraordinary Nuncio)

교황대사는 정규대사건, 특명 대사건 가리지 않고 대주교나 주교 서열의 성직자 중에서 파견합니다. 그들 역시 국왕 폐하를 뵐 때 왕족의 안내를 받습니다.

사실 특명 대사와 정규대사는 그리 큰 차이가 없습니다. 서열에서 특명 대사가 다소 앞설 뿐입니다. 그렇다고 해서 대주교나 주교들이 특명 대사를 더 선호하는 것은 아닙니다. 그들은 정규대사가 되기를 훨씬 원합니다. 정규대사야말로 그들이 그렇게도 열망하는 추기경 모자를 쓸 수 있는 가장 빠르고 안전한 방법이기 때문입니다.

교황대사는 프랑스에서 외무대신과 같은 등급이지만, 정식 절차에 따라 영접받는 주교나 대주교와 비교할 바는 아닙니다. 프랑스에서는 빈(Vienna)[5], 에스파냐, 포르투갈, 폴란드, 기타 여러 가톨릭 나라에서와 똑같은 권한을 누리지 못하기 때문입니다. 실제로 그 나라에서 교황대사는 사건을 심판하는 판관 자격뿐만 아니라 대주교나 현지 교구 주교와 똑같은 면책권을 누리지만, 프랑스에서는 국왕 폐하가 주교로 지명한 이들로부터 신앙 고백을 받고 그들의 생활을 조사하는 자격밖에 갖지 못합니다.

---

[5] 신성로마제국 황제의 궁정이 있는 곳

교황공사는 대사관이 설치되어 있지 않거나 특수한 임무가 있을 때 교황이 자신을 대신해서 교회 행정이나 외교 임무를 수행하도록 파견하는 외교 사절입니다. 국제법상 공사의 지위를 누리며, 그에 따른 특권을 갖습니다.

외교관의
서열

말씀드렸다시피, 특명 대사는 정규대사보다 높은 명예와 권위를 갖습니다. 그러므로 그 지위 역시 특명 대사가 당연히 높지만, 군주의 신분이 같으면 사실상 똑같은 지위로 인정받습니다. '특명'이라는 직함이 붙어 있다고 해도 정규대사보다 나은 점은 없고 서열만 다를 뿐입니다.

특명전권공사와 상주 대사 역시 그와 비슷합니다. 상위 군주의 상주 대사가 하위 군주의 특명전권공사보다 서열에서 조금 앞설 뿐입니다.

그에 반해, 대사와 공사의 관계는 확연히 다릅니다. 상위 군주의 공사라도 하위 군주의 대사보다는 서열이 한참 뒤지기 때문입니다.

몇 년 전, 우리 궁정에서 그와 관련해서 한 사건이 실제로 일어난 적이 있습니다. 한 황제의 공사가 공식 만찬에서 사보이 공작(Duke of Savoy)이 파견한 정규대사의 자리를 차지하며, 다음과 같이 말했습니다.

"두 군주의 서열이 다르기에 나는 이 자리에 앉을 권리가 충분하다."

하지만 대사는 군주의 서열과 무관하게 공사보다 상위에 속한다는 결론에 따라 즉시 그 자리를 사보이 대사에게 양보해야만 했습니다.

'각하'라는 호칭

'각하(Excellency)'라는 호칭은 특명 대사와 정규대사에게만 부여합니다. 공사의 경우 한 나라의 장관이나 상원의원, 혹은 정부 고위직에 오르지 않는 한 그 호칭을 붙일 수 없습니다.

주목할 점은 에스파냐, 이탈리아, 독일, 그리고 북부 왕국(스칸디나비아) 정부에서만 그 호칭을 사용할 뿐 우리 프랑스에서는 거의 사용하지 않는다는 것입니다. 프랑스에서는 외국인들이 장관이나 정부 고위 관리를 부를 때 그 호칭을 사용합니다. 또한, 외국인 협상가를 부를 때 존경의 뜻을 담아 그렇게 부르기도 합니다.

외교관의 신분증명서, 신임장

대사나 공사 등의 고위 외교관을 파견할 때는 그 사람의 신분과 파견 목적 등을 담은 문서를 반드시 접수국에 전해야 합니다. 접수국 군주가 자신의 권한을 위임한 외교관을 신용해달라는 뜻으로 부임 국가 군주에게 제출하는 일종의 신분증명서인 셈입니다. 이를 '신임장(Lettre de Creance)'이라고 합니다. 대리공사의 경우 파견국 외무부 장관으로부터 접수국 외무부 장관에게, 그 외의 경우에는 파견국 군주로부터 접수국 군주에게 보내집니다.

외교 사절은 접수국에 도착해서 신임장을 제출하고 그것이 접수된 때로부터 즉시 정식 외교 사절로서의 직무를 집행할 수 있습니다.

한편, 대사 등 외교 사절을 파견하기 전에 상대국의 동의를 구하는 절차를 흔히 '아그레망(Agreement)[6]'이라고 하는데, 보통 '아그레망을 요청한다'라고 합니다.

외교관의 임무는 자신을 파견한 자국 군주나 접수국 군주가 사망했을 때 자동으로 소멸합니다. 군주 자리에서 물러나거나 선전포고가 이루어졌을 때, 그 나라와의 관계가 파탄 났을 때 역시 마찬가지입니다.

신분을 유지하려면 새로운 군주의 새 신임장이 필요합니다. 군주의 변경이 합법적이건, 비합법적이건 마찬가지입니다. 신임장을 고쳐서 다시 정하지 않는 한 신분을 더는 유지할 수 없습니다. 단, 국제법상의 특권은 본국으로 돌아갈 때까지 유효합니다.

전권 위임장

외교관을 파견할 때 모든 나라에 신임장을 통고하는 것은 아

---

[6] 프랑스어로 '동의' 또는 '승인'이라는 뜻으로 접수국이 파견국의 특정 인물을 외교 사절로 받아들인다는 동의를 나타내는 말

닙니다. 다른 나라의 지배나 영향을 받지 않고 독립적인 주권을 행사하는 자유국이나 공화국 의회에 외교관을 파견할 때는 신임장을 갖고 가지 않는 것이 보통입니다. 하지만 그 신분과 자격은 전권을 통해 충분히 드러나며, 그것을 현지 관료들과 교환해야 합니다.

전권 위임장은 군주가 자신을 대신해서 파견하는 외교관에게 모든 공적 활동에 관한 권한을 위임한 것으로 활동 결과 역시 기꺼이 인정한다는 의미를 지닙니다. 하지만 논의 대상이 되는 문제가 구체적으로 적시되어 있기에 행동 역시 제한받습니다.

전권 위임에는 두 가지 종류가 있습니다.

- 군주가 직접 위임하는 경우
- 군주의 대리인, 즉 군주 부재 시 전권대사를 지명할 수 있는 권한을 가진 외무부 장관이 위임하는 경우

전권 위임은 나라가 위기에 처했을 때 매우 유용합니다. 실제로 마드리드 궁정과 남유럽 국가의 협상에서 그 장점이 충분히 드러난 바 있습니다. 하지만 통행권만이 신분을 증명하는 유일한 수단이라는 단점이 있기에 특권 행사에 적지 않은 제한이

따릅니다. 통행권은 전시에 평화 협상에 참여하는 국가 각료들이 전쟁 지역을 안전하게 통행할 수 있도록 하는 증서에 불과하기 때문입니다.

명령장은 국가의 중요 관심사를 기록한 비밀문서로 대사에게 발부하며, 대사는 그 명령을 철저히 수행할 의무가 있습니다. 필요에 따라서는 특정한 부분을 발췌해서 접수국 군주나 관료에게 전달하기도 합니다. 그 경우 특수한 신뢰 관계를 입증하는 증거가 될 수도 있지만, 다른 한편으로는 두 가지 의미를 지닌다고 할 수 있습니다.

- 표면상의 명령으로 다른 사람이 알아도 괜찮다는 것
- 비밀 명령으로 자국 군주와 접수국 군주만의 비밀

하지만 비밀 명령이라도 본국으로부터 받는 정보에 의해 얼마든지 바뀔 수 있다는 사실에 유의해야 합니다.

사실 명령장은 매우 은밀하고 교묘한 특징을 갖고 있습니다. 혹시 노출되더라도 핵심 기밀을 최대한 감추기 위해서입니다.

그 때문에 명령장을 어떻게 활용할 것인지는 외교관이 그것을 어떻게 해석하느냐에 달려 있다고 할 수 있습니다.

구두 명령

외교에서 협상과 같은 긴급한 업무를 하다 보면 가능한 한 정보를 빨리 전해야 할 때가 있습니다. 그럴 때는 글이 아닌 말로써 본국의 명령을 전하기도 합니다. 명령장의 글자와 글귀에 얽매이지 않고 상황에 맞춰 융통성을 발휘할 수 있기 때문입니다. 핵심 기밀보다는 일반적인 정보를 전할 때 이를 자주 사용합니다.

사실 문서로 된 명령장은 잃어버리거나 다른 사람에게 노출될 위험이 있습니다. 국가의 중요한 기밀이 다른 나라 외교관에게 노출되었다고 생각해보십시오. 생각만 해도 끔찍합니다. 그때까지 진행한 일이 모두 무용지물이 될 수도 있기 때문입니다. 놀라운 것은 그런 일이 자주 일어난다는 것입니다. 하지만 구두 명령은 그럴 일이 없을뿐더러 다른 사람에게 노출되더라도 크게 걱정할 필요가 없습니다. 핵심 기밀은 절대 노출되지 않기 때문입니다.

외교관은 수많은 특권을 누립니다. 하지만 거기에는 책임과 의무 역시 반드시 따릅니다.

외교관의 가장 대표적인 특권으로는 '치외 법권'이 있습니다. 치외 법권이란 다른 나라에 머물면서도 그 나라 법의 지배를 받지 않는 국제법상의 권리를 말합니다. 즉, 그 나라의 민사와 형사 재판권이 면제되어 어떤 일이 있어도 재판을 받거나 체포되지 않습니다. 그 때문에 때때로 대사관은 정치범이나 망명자들의 피난처가 되기도 합니다.

이때 주의할 점이 있습니다. 그 외교관의 특권을 절대 남용해서는 안 된다는 것입니다. 피신에 관한 권리를 침해당하지 않는 선에서 만족해야 합니다. 예컨대, 그 나라 법을 위반해서 큰 죄를 저지른 사람, 즉 사형선고를 받거나 보호받을 자격이 없는 사람까지 피신시켜줘서는 절대 안 됩니다. 그것은 나라와 나라 사이에 맺은 암묵적인 약속이기도 합니다. 만일 그런 사람을 돕거나 숨겨준다면 그에 상응하는 책임이 반드시 뒤따릅니다.

접수국의
평화와 안전을 지킬 의무

자신에게 부여된 특권의 범위를 넘어 제멋대로 권리를 행사하는 외교관이 간혹 있습니다. 심지어 그들은 큰돈을 받고 자기 이름을 범죄자에게 빌려주기도 합니다. 과연, 이들에게 외교관의 특권을 계속 부여해서 유지하게 하는 것이 옳은 일일까요?

외교관은 자신에게 부여된 특권을 이용해서 개인적인 이익을 취하거나 그것을 다른 사람, 특히 범죄집단이 악용하게 해서는 안 됩니다. 자신의 이름을 빌려주는 것 역시 마찬가지입니다. 그것은 특권의 기준을 넘어서는 것으로 자신을 믿고 파견한 군주와 나라의 권위를 크게 떨어뜨리는 일이기도 합니다.

몇 년 전, 에스파냐 정부는 마드리드에 주재하는 모든 외교관의 특권을 크게 규제한 바 있습니다. 제노바 공화국 역시 외교관들이 불법 거래를 하지 못하도록 특권을 규제했습니다.

국제법에 따르면, 모든 외교관은 자신의 고유한 임무를 수행하는 데 있어 완전한 자유를 지닙니다. 예컨대, 외교관은 접수국의 정보를 알아내기 위해 사용 가능한 모든 방법을 취할 수 있으며, 핵심 정보를 가장 잘 제공하는 사람 및 단체와 긴밀한 관계를 맺는 자유 역시 갖고 있습니다.

문제는 그런 특권이 있다고 해서 접수국의 공공질서와 안전을 해치는 일까지 함부로 해서는 안 된다는 것입니다. 외교관에게 부여되는 국제법상 권리에는 자신에게 신임장을 준 나라의 평화와 안전을 지키는 일 역시 포함되기 때문입니다. 따라서 외교관은 자신의 이름이나 직책에 따른 권한을 그 나라의 공공질서와 안전을 해치는 사람과 단체가 절대 악용하게 해서는 안 됩니다.

특권 남용에 대한
책임

"현명하고 충성스러운 신하는 군주의 어떤 말도 마다하지 않는다."

이 말을 이용하는 사악한 군주가 간혹 있을 수 있습니다. 예컨대, 외교관이 군주에게서 그 나라를 위험에 빠뜨릴 음모를 꾸미라는 명령을 받으면 어떻게 해야 할까요?

현명한 외교관이라면 군주의 그런 명령을 철저히 거부해야 하며, 어리석은 군주가 그런 일을 저지르지 않도록 끝까지 설득

해야 합니다. 그것이 외교관의 의무이자 도리입니다. 그런데도 만일 군주가 막무가내 고집 피우고 협박한다면 자신을 본국으로 소환해달라고 적극적으로 요청해야 합니다. 그러고 나서 즉시 은퇴함으로써 군주의 사악한 비밀이 세상에 드러나는 것을 철저히 막아야 합니다. 그런 점에서 현재 유럽은 다행이라고 할 수 있습니다. 각국을 다스리는 군주들을 보건대, 그런 사악한 군주는 없기 때문입니다.

주목할 점은 외교관 중에도 그런 음모나 부정한 일을 저지르는 이들이 간혹 있다는 것입니다. 그들이 그런 위험한 일을 저지르는 이유는 과연 무엇일까요? 자국의 이익 때문일까요, 군주의 명예를 높이기 위해서일까요?

그것과는 전혀 상관없습니다. 오직 자기 욕심을 채우려는 불순한 의도에서 비롯되는 경우가 대부분이기 때문입니다. 그러다 보니 군주도 모르게 행해지는 경우가 많습니다. 군주 역시 피해자인 셈입니다.

그런 외교관일수록 자신이 파놓은 함정에 쉽게 빠지곤 합니다. 수많은 전례가 그것을 입증하고 있습니다. 그렇다고 해서 제 말을 오해하지는 마십시오. 외교관을 나쁜 길로 유도해서 음모에 빠뜨리는 일과 자신에게 주어진 기회를 적극적으로 활용해서 핵심 기밀을 얻는 것은 엄연히 다르기 때문입니다.

외교관이 사용 가능한 모든 수단을 활용해서 접수국의 정보를 얻는 일은 국제법상 허용될 뿐만 아니라 외교에서도 꼭 필요합니다. 따라서 누구도 그 임무를 성공적으로 완수한 외교관을 비난할 수는 없습니다. 군이 누군가를 탓해야 한다면 개인적인 욕심을 채우기 위해 다른 나라 외교관에게 자기 나라의 핵심 기밀을 팔아넘긴 이들을 탓하고 벌해야 합니다.

외국관의 특권은 보호되어야 마땅합니다. 공공질서와 안전 유지를 위해서라도 더욱더 그래야 마땅합니다.

만일 외교관의 특권을 규제하면 어떤 일이 일어날까요?

어떤 나라도 그것을 참지 못할 것입니다. 그 결과, 지금보다 전쟁이 잦아질 것이 당연합니다. 하지만 그것은 정당한 분노의 표출입니다. 생각해보십시오. 자국 외교관이 생명의 위협을 수시로 받으면서 활동하는 것을 어느 나라가 참을 수 있겠습니까?

생각건대, 많은 나라가 자국의 평화와 안정을 위해서라면 그런 위험쯤은 충분히 감수할 것입니다. 따라서 외교관의 특권은 철저히 보호하되, 그것을 남용하거나 위반할 때는 그에 상응하는 대가를 반드시 치르게 해야 합니다.

가장 좋은 방법은 특권을 남용한 외교관은 즉시 해임하거나 본국으로 소환하는 것입니다. 사실 그것만큼 외교관들을 각성하게 하는 좋은 방법도 없습니다. 특권을 남용한 대가가 해임이나 소환임을 아는 순간, 말과 행동을 더 주의할 것이 틀림없기 때문입니다.

해임과 본국 소환

만일 모든 군주에게 타국 외교관을 처벌한 권한이 있다면 어떻게 될까요?

어떤 외교관도 자신의 안전을 장담할 수 없을 것입니다. 마음만 먹으면 어떤 핑계라도 만들어서 처벌할 수 있기 때문입니다. 그뿐만이 아닙니다. 근거 없는 의혹을 크게 부풀리는 음모 역시 언제든지 꾸밀 수 있습니다. 그렇게 되면 외교 역시 벼랑 끝에 몰리게 됩니다. 외교관을 음모하는 나라는 더는 신뢰할 수 없기에 우호 관계를 유지할 이유가 없기 때문입니다.

자신이 먼저 신뢰를 저버리면 다른 사람들 역시 자신을 더는 신뢰하지 않으리라고 생각하는 것이 좋습니다. 그것이 상식입니다.

나라와 나라 사이에도 마찬가지입니다. 그런데 만일 외교관이 접수국의 공공질서와 안전을 해치는 음모를 꾸미거나 반란에 가담했다면 어떻게 해야 할까요?

　생각만 해도 엄청난 일임이 틀림없습니다. 나라와 나라 사이의 신뢰 관계에 금이 가는 것은 물론 모든 관계가 파탄이 날 수도 있기 때문입니다.

　그때는 해당 외교관을 파견한 나라와 군주에게 즉시 책임을 엄중히 묻고, 같은 일이 다시는 일어나지 않도록 특단의 조치를 마련하도록 해야 합니다. 그렇다고 해서 무력을 행사하거나 책임져야 할 일을 저질러서는 안 됩니다. 잘못하면 국제법을 위반해서 오히려 더 큰 손해를 입을 수도 있기 때문입니다.

　가장 좋은 방법은 해당 외교관을 파견한 나라에 압력을 가하는 것입니다. 이때 주변 나라들을 동원하면 더욱 좋습니다. 그래야만 상황이 더욱 엄중하다는 사실을 깨닫고 그에 상응하는 대책을 내놓을 것이기 때문입니다. 아울러, 당사자인 외교관에게도 가능한 한 빨리 사과받은 후 즉시 자국에서 추방해야 합니다.

메라게스의
음모와 교훈

많은 사람이 군주의 모범으로 생각하는 앙리 4세 때 있었던 일입니다.

어느 날, 앙리 4세는 기즈 공작(Duc de Guise)에게서 '메라게스(Mairargues)의 음모'에 관해서 전해 들었습니다. 메라게스라는 어느 프로방스 영주가 에스파냐 외교관인 발타사르 데 수니가(Baltasar de Zuniga)와 협정을 맺고 마르세유를 에스파냐에 일방적으로 넘기려고 한다는 것이었습니다.

앙리 4세는 그 즉시 국법을 위반한 죄로 영주를 체포했습니다. 하지만 에스파냐 대사는 외교관의 면책 특권 때문에 체포할 수 없어서 그의 비서인 브루노(Bruneau)를 대신 체포하였습니다.

얼마 후 두 사람은 음모를 꾸몄다는 판결을 받았고, 영주는 즉시 처형되었습니다. 하지만 에스파냐 대사의 비서는 처형되지 않았습니다.

앙리 4세는 그를 에스파냐 대사에게 넘겨주면서 이렇게 말했습니다.

"그가 국경을 넘어가는 것은 허락하지만, 내게는 에스파냐 국왕에게 그의 범죄에 대해 만족스러운 처벌이 이루어지기를 요구할 권리가 있다."

대사관은 외교 활동의 축소판

만일 외교의 목적이 국가 간에 우호 관계를 유지하고, 외국 정부에 대한 정보를 얻는 데만 있다면 그렇게 많은 외교관과 협상가가 필요하지 않을 것입니다. 얻어야 할 정보가 많지도 않을뿐더러 비용만 낭비할 수 있기 때문입니다. 외교관을 포함해서 두세 명 정도의 비서면 충분할 것입니다. 하지만 큰 이익이 걸린 상황이라면 다릅니다. 심지어 한꺼번에 고위 외교관 두세 명을 파견해서 중요한 협상을 하거나 외교 활동을 지원해야 할 때도 있습니다.

평화 협상을 진행할 때 역시 마찬가지입니다. 사전에 철저히 준비해야 하는데, 외교관이 일상적인 업무를 수행하면서 그것을 함께 하기란 도저히 불가능합니다. 따라서 그런 경우에는 뛰어난 협상 능력을 지닌 다수의 외교관과 비서를 임시로 파견하기도 합니다.

대사관은 이를 총괄하고 지휘할 뿐만 아니라 자국민을 보호하며, 정보 수집과 국제 협상 등의 업무를 지원합니다. 그런 점에서 대사관은 모든 외교 활동의 축소판이라고 할 수 있습니다.

외교관의 품위 지키기

외교관은 접수국에서 어떤 선물도 받아서는 안 됩니다. 그것이 외교의 원칙입니다. 단, 자국에 미리 알려서 허락을 얻거나, 외국 정부의 관습에 따라 부임과 이임 시에 받는 선물은 예외가 적용됩니다. 그 외에는 어떤 경우에도 선물을 받아서는 안 됩니다. 잘못하면 직위를 이용한 월권행위나 직위를 판 대가라는 말을 듣기에 십상이기 때문입니다. 심지어 자국을 배신했다는 비난을 받을 수도 있습니다.

생각건대, 외교관에게 그것만큼 부끄럽고 치명적인 일은 없을 것입니다. 외교관의 품위에 치명적인 손상을 입는 것은 물론 자존감 역시 매우 상하는 일이기 때문입니다. 따라서 조금이라도 의혹을 살만한 일은 절대 해서는 안 됩니다. 그렇다고 해서 언제나 위엄 있고 단호하게 처신해야 하는 것은 아닙니다. 그 경우 오히려 오만하고 건방지다는 편견을 심어줄 수도 있습니다. 따라서 부드럽고 편안하게 보이되, 다른 사람들이 불편하게 생각하지 않고, 거부감이 들지 않을 정도면 충분합니다.

외교관의 도덕성과 자질

에스테반 데 가마라(Esteban de Gamarra)라는 에스파냐의 군인이자 외교관이 있습니다. 오랫동안 헤이그 대사를 지낸 그는 에스파냐 국왕을 위해 충성을 다했지만, 급여조차 제대로 받지 못했습니다. 그의 능력과 성과를 국왕에게 말해줄 친척이 국왕 자문관으로 있었는데도 말입니다. 하지만 더 큰 문제는 따로 있었습니다. 자신보다 무능력하고 거짓말을 일삼는 후배들이 더 높은 직책에 오른다는 것이었습니다.

그 이유가 무엇인지 궁금했던 그는 국왕 자문관인 친척을 찾아갔습니다. 그리고 그에게 자신이 이룬 성과를 말하며, 지금까지 그것을 제대로 인정받지 못했다고 불평을 늘어놓았습니다. 그러자 친척은 이렇게 말했습니다.

"모든 게 자네 책임이네. 만일 자네가 뛰어난 외교관이자 충직한 외교관으로 활동한 것만큼 궁정에서 일했다면 지금쯤 다른 사람보다 훨씬 높은 자리에 있을 것이네. 하지만 자네는 자신이 이룬 성과를 전혀 알리려고 하지 않았네. 오히려 국왕이 듣기 싫어하는 입바른 소리만 했을 뿐이지. 무엇보다도 자네의 보고서는 국왕 폐하께 입안의 가시와도 같았네. 항상 날카로운 얘기로만 가득 차 있었으니까 말일세. 결국, 자네의 그런 불성실함과 올곧은 성향이 오늘의 자네를 만든 것이네. 지금 국왕은 듣기 좋은 소식을 전하는 사람에게도 급여를 줄 형편이 아니네. 그런데 자네처럼 입에 쓴 얘기만 하는 사람에게 어떻게 급여를 줄 수 있겠는가?"

실제로 그는 에스파냐가 우리 프랑스와의 싸움에서 패했을 때 국왕의 감정은 전혀 고려하지 않은 채 있는 사실만을 그대로 보고하곤 했습니다. 예컨대, 어느 도시가 포위당할 위기에 처하자 그는 국왕에게 다음과 같이 말했습니다.

"국왕 폐하, 프랑스군의 기세가 정말 놀랍습니다. 지금 지원군을 파견하지 않으면 즉시 함락될 것입니다."

에스파냐가 동맹국과의 약속을 어겼을 때는 그 정도가 더욱더 심했습니다. 그는 국왕에게 입에 발린 말로만 은근슬쩍 넘어가려고 하지 말고 약속을 지키라고 강력히 요구했습니다. 하지만 다른 외교관들은 그와 전혀 다르게 행동했습니다. 그들은 자신의 이익을 더 중시한 나머지 국왕에게 아부하거나 거짓 보고를 일삼곤 했습니다.

"국왕 폐하, 프랑스군은 걱정할 필요가 전혀 없습니다. 군대의 힘이 매우 약해서 전쟁을 치를 여력조차 없기 때문입니다."

친척으로부터 자신이 능력을 인정받지 못하는 이유를 들은 가마라는 이렇게 말했습니다.

"마드리드의 돈은 사기꾼에게 돌아가고, 국왕의 총애는 남을 속여야만 얻을 수 있군요. 그렇다면 저 역시 더는 양심의 가책 때문에 괴로워하지 않겠습니다."

그 후 부임지로 돌아간 그는 친척의 충고에 따라 처신했습니다. 즉, 이전처럼 사실대로 보고하는 대신 적이 실패할 수밖에 없는 이유를 얘기하며 국왕과 자기 자신을 철저히 속인 것입니다. 결론적으로 에스파냐 궁정이 그에게 거짓말을 하도록 유도한 셈입니다.

이 이야기는 외교관의 도덕성과 자질에 관해서 말하고 있습니다. 여기서 새삼 그것을 다시 강조할 필요는 없을 것입니다.

외교의
최종 책임자

외교의 최종 책임자는 과연 누구일까요? 당연히 자국 군주와 외무부 장관입니다. 외교관은 그들이 위임하는 명령을 수행할 뿐이기 때문입니다. 그런데 여기에는 문제가 있습니다.

군주와 외무부 장관은 외교관이 보내는 정보에 의지해서 외교 정책을 구상하고 실행할 수밖에 없다는 것입니다. 나아가 그것을 토대로 매일 새로운 명령을 전달합니다. 그런데도 과연 외교의 최종 책임을 군주와 외무대신에게만 물어야 할까요?

외교의 최종 책임은 군주와 외무대신뿐만 아니라 외교관 역시 함께 져야 마땅합니다. 제아무리 외교관이 군주로부터 위임받아 대신 일을 처리한다고 하지만, 거기에는 마땅히 져야 할 책임 역시 어느 정도 뒤따르기 때문입니다.

페르소나 논 그라타,
환영받지 못하는 외교관

협상가나 외교관을 선발할 때는 처음부터 그 됨됨이를 정확히 파악해서 잘못된 사람이 임명되지 않도록 해야 합니다.

'페르소나 논 그라타(Persona Non Grata)'라는 말이 있습니다. '환영받지 못하는 사람'이라는 라틴어로, 외교에서는 '주재국(접수국) 정부에서 외교 사절로 받아들이는 것을 꺼리는 외교관'을 말합니다.

사실 그럴 가능성이 큰 인물을 외교 사절로 파견하는 일 자체가 매우 큰 잘못이자 해당 국가에 대한 실례입니다. 그런 인물은 자신의 의도와 상관없이 양국에 손해를 끼칠 가능성이 크기 때문입니다. 또한, 주재국 정부로부터 인정받지 못했기에 외교단의 동료 외교관들에게도 인정받지 못하는 것은 물론 협상의 주체로 나설 수도 없습니다.

앙리 4세와
사보이 공작의 교훈

사보이 공국(Ducato di Savoia)[7]의 초대 공작을 지낸 샤를 에마

---

[7] 1416년부터 1860년까지 사보이 가문이 통치했던 나라. 지금의 이탈리아 북부와 프랑스, 스위스의 영토 일부에 걸쳐 있었다. 사보이 백국을 계승했으며, 신성로마제국에 종속되었다.

누엘(Charles Emanuel)은 몇몇 귀족과 함께 음모를 꾸민 적이 있습니다.

그는 앙리 4세에게 경의를 표한다면서 궁정에 자주 출입했습니다. 하지만 그것은 자신의 권력과 영향력을 유지하기 위한 핑계에 지나지 않았습니다. 무엇보다도 프랑스로부터 빼앗은 살루초 후작령(Marchesato di Saluzzo)[8]을 다시 돌려주지 않으려는 의도가 다분했습니다. 하지만 현명한 군주였던 앙리 4세는 그의 의도를 사전에 눈치채고, 내각 회의를 소집해서 관료들에게 그 사실을 알렸습니다.

당연히 모든 각료가 에마누엘 공작을 비난하고 나섰습니다. 그가 친선을 가장한 채 프랑스의 공공질서와 안전을 해치고 있으니, 더는 특권을 줘서는 안 된다는 것이었습니다. 또한, 그가 살루초 후작령을 반환하기 전까지는 프랑스에서 한 발짝도 나갈 수 없도록 해야 한다고도 했습니다. 하지만 앙리 4세의 생각은 그들과 달랐습니다.

---

[8] 알프스산맥과 피에몬테 지역에 있었던 도시국가. 원래 사보이 공국의 영토였지만, 앙리 2세에 의해 프랑스에 병합되었다가 1601년 리옹 조약으로 다시 반환되었다.

180

181

앙리 4세는 분노한 각료들을 향해 이렇게 말했습니다.

"공작의 방문은 내가 허락한 것이니만큼 그에게 책임을 물을 수는 없소. 또한, 그가 특권을 남용했다고 해서 처벌하게 되면 얻는 것보다 잃는 것이 더 많을 수도 있으니 조심해야 하오. 마침 그와 비슷한 전례가 우리에게 있으니 그것을 참고했으면 하오."

그 전례란 프랑수아 1세(Francis I) 때의 일을 말하는 것입니다. 아시다시피, 프랑수아 1세 역시 신성로마제국의 황제인 카를 5세(Charles V)에게 궁정을 자유롭게 드나드는 특권을 줬지만, 단 한 번도 밀라노 공국(Ducato di Milano)[9]을 내놓으라고 한 적이 없습니다. 하지만 프랑수아 1세의 자문관들은 생각이 달랐습니다. 그들은 밀라노 공국을 돌려받을 좋은 기회라며 끊임없이 프랑수아 1세를 압박하곤 했지만, 프랑수아 1세는 번번이 그들의 의견을 거절했습니다. — 사실 프랑수아 1세 역시 밀라노 공국을 되찾기 위해 수없이 노력했습니다. — 자잘한 이해

---

[9] 1395년부터 1797년까지 이탈리아 북부 도시인 밀라노를 거점으로 삼은 도시국가. 신성로마제국의 일부로 국가가 유지되는 기간 내내 주변 강대국들의 지배를 받았다.

관계보다 자신의 명예를 훨씬 중요하게 생각했기 때문입니다. 앙리 4세는 그 전례를 따르고자 했던 것입니다.

결국, 사보이 공작은 무사히 프랑스를 떠나 사보이 공국으로 돌아갔습니다. 그제야 앙리 4세는 약속대로 살루초 후작령을 반환할 것을 요구했지만, 공작은 그 요청을 거절했습니다. 그러자 화가 난 앙리 4세는 즉시 사보이 공국을 공격해서 점령한 후 다시 약속을 지키라고 했습니다. 결국, 공작은 1601년 1월 17일 리옹에서 살루초 후작령뿐만 아니라 다른 몇 개 지역까지 양도하는 조약을 맺어야만 했습니다.

에필로그

지금까지 협상가의 능력과 자질, 의무에 관해서 말씀드렸습니다. 물론 미처 말씀드리지 못한 것 중에도 중요한 것이 많을 것입니다.

생각건대, 대부분 협상가가 제가 말씀드린 내용에 대해서 충분히 공감하리라고 생각합니다. 그런 점에서 제가 말씀드린 내용을 적극적으로 활용한다면 외교와 협상에 적지 않은 도움이 될 것입니다.

제가 외교와 협상의 형식과 배경보다는 협상가의 능력과 자질, 의무에 관해서 서슴없이 말씀드린 이유는 그것을 알아야만 제대로 된 외교와 협상을 할 수 있기 때문입니다. 그런 점에서 이 책은 외교와 협상의 정석을 담고 있다고 할 수 있습니다.

끝으로, 모든 협상가에게 전하고 싶은 말이 있습니다.

뛰어난 능력을 갖춘 협상가는 누구에게나 인정받는 것은 물론 그에 걸맞은 명예와 부를 누릴 수 있습니다. 그 능력을 인정받아 더 중요한 직책과 큰 명예를 얻을 수도 있을 것입니다. 문제는 모든 협상가가 그런 영광스러운 명예를 누릴 수는 없다는 점입니다. 따라서 명예와 부가 아닌 자기 일에서 기쁨과 만족, 행복을 찾아야 합니다. 그것이야말로 진정 값진 보상이기 때문입니다.

　흔히 '공직'은 스스로 보상해야 하는 직업이라고 말하곤 합니다. 남이 알아주거나 보상해주지 않기 때문입니다. 저 역시 그 말에 백 퍼센트 동의합니다. 하지만 그것이 능력 있는 이들이 협상가라는 직업에 뛰어드는 것을 방해하는 요인이 되어서는 안 됩니다.

　실패와 절망은 삶 곳곳에서 우리를 기다리고 있습니다. 단언컨대, 어떤 직업도 협상가만큼 실패와 절망보다 희망과 기회가 많은 직업은 없을 것입니다. 이 사실을 명심해야 합니다.

파리 최고의 협상가 켈리에

초판 1쇄 인쇄 2020년 2월 3일
초판 1쇄 발행 2020년 2월 10일

지은이 프랑수아 드 켈리에
옮긴이 현영환
발행인 임채성
디자인 산타클로스曉雪

펴낸곳 루이앤휴잇
주 소 서울시 양천구 목동동로 233-1, 1010호(목동, 현대드림타워)
전 화 070-4121-6304   **팩 스** 02)6455-7642
메 일 asra21@naver.com
포스트 https://post.naver.com/lewuinhewit

출판등록 2011년 8월 30일(신고번호 제313-2011-244호)

종이책 ISBN 979-11-86273-51-7   13340
전자책 ISBN 979-11-86273-52-4   15340

저작권자 ⓒ 2019 현영환
COPYRIGHT ⓒ 2019 by Hyeon Young Hwan
이 도서의 국립중앙도서관 출판시도서목록(CIP)은 서지정보유통지원시스템 홈페이지(http://seoji.nl.go.kr)와
국가자료공동목록시스템(http://www.nl.go.kr/kolisnet)에서 이용하실 수 있습니다.
(CIP제어번호: CIP 2019048632)